ACCESO GRATIS *a la Lectura en la Nube*

Para visualizar el libro electrónico en la nube de lectura envíe junto a su nombre y apellidos una fotografía del código de barras situado en la contraportada del libro y otra del ticket de compra a la dirección:

ebooktirant@tirant.com

En un máximo de 72 horas laborales le enviaremos el código de acceso con sus instrucciones.

JUSTICIA ADMINISTRATIVA EN LA VIRTUALIDAD: INTELIGENCIA ARTIFICIAL Y METAVERSO

JUSTICIA ADMINISTRATIVA EN LA VIRTUALIDAD: INTELIGENCIA ARTIFICIAL Y METAVERSO

MAURO ABRAHAM CUEVAS ALBA
Coordinador

tirant lo blanch
Ciudad de México, 2024

En caso de erratas y actualizaciones, la Editorial Tirant lo Blanch publicará la pertinente corrección en la página web www.tirant.com/mex/

Este libro será publicado y distribuido internacionalmente en todos los países donde la Editorial Tirant lo Blanch esté presente.

© EDITA: TIRANT LO BLANCH
DISTRIBUYE: TIRANT LO BLANCH MÉXICO
Av. Tamaulipas 150, Oficina 502
Hipódromo, Cuauhtémoc, 06100 Ciudad de México
Telf: +52 1 55 65502317
infomex@tirant.com
www.tirant.com/mex/
www.tirant.es
ISBN: 978-84-1071-649-0
© D.R. 2024 Tribunal de Justicia Administrativa del Estado de Guanajuato
Ejido El Capulín Parcela 76 Z-6 P-1/1, sin número,
C.P. 36297
Silao de la Victoria, Guanajuato.
Tel. 472 690 9800
www.tjagto.gob.mx
ISBN Tribunal de Justicia Administrativa del Estado de Guanajuato: En trámite

Si tiene alguna queja o sugerencia, envíenos un mail a: *atencioncliente@tirant.com*. En caso de no ser atendida su sugerencia, por favor, lea en *www.tirant.net/index.php/empresa/politicas-de-empresa* nuestro procedimiento de quejas.

Responsabilidad Social Corporativa: *http://www.tirant.net/Docs/RSCTirant.pdf*

Índice

Presentación

ELIVERIO GARCÍA MONZÓN
Magistrado presidente y propietario de la Segunda Sala del Tribunal de Justicia Administrativa del Estado de Guanajuato

En septiembre de 2023, el Tribunal de Justicia Administrativa del Estado de Guanajuato conmemoró el 36 aniversario de su fundación, tiempo en el cual se ha logrado consolidar nuestra función en beneficio de la sociedad guanajuatense a través de diversas actividades.

Así, llevamos a cabo el Simposio "Impartición de Justicia Administrativa en la Virtualidad. Era Digital 4.0: Inteligencia Artificial y Metaverso", en donde contamos con la participación de reconocidos ponentes nacionales e internacionales, como el doctor Miguel Alejandro López Olvera, la doctora Vanessa Díaz Rodríguez, el licenciado Alfredo Delgadillo López, la doctora Antonella Stringhini y la magistrada Adriana Campuzano Gallegos, y en donde pudimos comprender cómo las nuevas tecnologías son nuestro presente, y la manera en que las mismas permean el universo jurídico.

Es innegable el impacto de la inteligencia artificial y el metaverso en el futuro del mundo jurídico, pero es trabajo de todos y cada uno de nosotros como operadores jurídicos el implementar dichas tecnologías en favor de mejorar el Estado de derecho.

Por ello, para mi es un honor presentar el presente libro, denominado *Justicia administrativa en la virtualidad: inteligencia artificial y metaverso*, donde se encuentran plasmados los trabajos que fueron materia de las conferencias desarrolladas en el evento mencionado, analizando rigurosamente la aplicación de nuevas herramientas para la innovación en el campo del derecho, y además se abonan reflexiones respecto la manera en la cual se pueden llevar a cabo mejoras en las decisiones y procesos judiciales.

Agradezco especialmente al director y al equipo de trabajo del Instituto de la Justicia Administrativa del Tribunal, quienes gracias a su esfuerzo y dedicación lograron que se materializara el presente proyecto. Asimismo, a las magistradas y los magistrados de nuestra institución, por impulsar la actividad editorial de este órgano jurisdiccional.

Introducción

MAURO ABRAHAM CUEVAS ALBA
Director del Instituto de la Justicia Administrativa del Tribunal de Justicia Administrativa del Estado de Guanajuato

En las últimas décadas, hemos visto que la ciencia y la tecnología han avanzado enormemente con grandes aportaciones que, en la mayoría de las ocasiones, benefician a las personas en la realización de sus actividades cotidianas, pero también en las profesionales.

También, los poderes y órganos estatales se han beneficiado de esos importantes avances, ya que, en lo interno, las tareas se vuelven más ágiles, la comunicación entre áreas o, incluso, entre autoridades, se desarrolla de manera directa, por medio del correo electrónico, los sistemas internos, la llamada intranet, o en la actualidad con las aplicaciones de mensajería instantánea.

Al exterior, con las personas, estas se benefician de la tecnología al tener toda la información en las páginas web de cada autoridad, la comunicación también es directa y sencilla, el envío y recibimiento de información, documentos, notificaciones, hace más ágiles los trámites, incluso las peticiones y comunicaciones ahora fluyen desde las redes sociales.

Y, por supuesto, la administración y la impartición de justicia no es la excepción. Los tribunales también han incorporado la tecnología para el desarrollo de sus tareas internas, pero, principalmente, para beneficio de las personas al incorporar instrumentos modernos que permiten, incluso, el desarrollo de todo el proceso jurisdiccional en la vía digital o en línea, como le llaman algunas leyes.

El desarrollo amplio de modernos sistemas y equipos tecnológicos como servidores, computadoras, redes, etcétera, han permitido fortalecer toda la infraestructura en beneficio de la tutela judicial efectiva en materia administrativa.

Sin embargo, la tendencia hacia nuevos modelos de tecnología como la inteligencia artificial y el metaverso, obligan a las instituciones a pensar en los escenarios que se presentan y presentarán respecto del papel que deben jugar los tribunales de justicia administrativa.

En ese sentido, el Instituto de la Justicia Administrativa del Tribunal de Justicia Administrativa del Estado de Guanajuato, pensó en conmemorar el 36 aniversario del Tribunal con un evento académico en el cual se debatieran los temas y las problemáticas actuales, es por ello que se organizó el Simposio "Impartición de justicia administrativa en la virtualidad. Era digital 4.0: inteligencia artificial y metaverso", en el que participaron personas expertas en el tema. Además de las ponencias presenciales que nos brindaron las personas expositoras, también nos entregaron los trabajos académicos, que ahora presentamos en esta obra.

Adriana Campuzano, en su trabajo de investigación "La justicia administrativa frente a la inteligencia artificial y las nuevas tecnologías", expone los avances que existen en la actualidad en materia de tecnología en los tribunales de justicia administrativa, así como los problemas que están surgiendo actualmente, ya que es dispar la incorporación de los sistemas, y por lo tanto, los desafíos son muchos. Su análisis lo basa en tres perspectivas: los poderes judiciales como organizaciones, como medios para la impartición del servicio público de justicia y como operadores del derecho.

Alfredo Delgadillo López, en su capítulo intitulado "La tecnología en el contencioso administrativo. De la impartición de justicia en línea hacia su transformación digital", analiza el problema actual que representa la llamada brecha digital, ya que no todas las personas cuentan con acceso a la tecnología. Asimismo, destaca la comparación y el análisis que realiza del juicio de amparo en línea y el juicio en línea que se lleva a cabo en el Tribunal Federal de Justicia Administrativa. Finaliza su trabajo con el análisis del impacto que causará la inteligencia artificial en la justicia administrativa.

Vanessa Díaz, en su trabajo "Algunas reflexiones sobre las implicaciones jurídicas del metaverso", explica, de manera muy clara, todos los elementos que componen el metaverso, las problemáticas actuales, los tipos de metaverso, la identidad única, especialmente el estado de la cuestión en materia jurídica, ya que, señala, al tratarse de una realidad virtual, la misma protección que se da de los derechos humanos en la realidad, también debe otorgarse en el mundo virtual.

Miguel Alejandro López Olvera, en su capítulo "Justicia administrativa digital: inteligencia artificial, interoperabilidad y derechos humanos", analiza las figuras jurídicas que forman parte de la justicia administrativa, tales como las administraciones públicas digitales, la responsabilidad patrimonial del Estado, las comisiones de derechos humanos y los tribunales de justicia administrativa. Hace especial énfasis en los entornos digitales en los que realizan o funcionan esas figuras, especialmente pone el acento en la interoperabilidad.

Por último, Antonella Stringhini, en su trabajo "Oportunidades y desafíos de la inteligencia artificial en la justicia administrativa", expone los diferentes productos tecnológicos que han aparecido para ayudarnos en todas nuestras tareas, pero pone énfasis en la inteligencia artificial, que, por cierto, diferentes organismos y personas autoras lo definen de diferentes maneras. Explica qué es la inteligencia artificial, señala las oportunidades de esta nueva tecnología, asimismo, comenta cuáles son, desde su perspectiva, los desafíos de la inteligencia artificial.

Estamos seguros de que los trabajos aquí reunidos abonarán a la discusión de los problemas y perspectivas sobre la incorporación de la tecnología en la justicia administrativa, especialmente la inteligencia artificial y el metaverso.

La justicia administrativa frente a la inteligencia artificial y las nuevas tecnologías

ADRIANA CAMPUZANO GALLEGOS[1]

SUMARIO: I. *INTRODUCCIÓN*. II. *DESARROLLO*. III. *CONCLUSIONES*. IV. *BIBLIOGRAFÍA*.

I. INTRODUCCIÓN

El arribo de las nuevas tecnologías ha trascendido en todas las áreas del quehacer humano y el sistema de impartición de justicia no es la excepción.

Las organizaciones, las personas que las conforman, los procesos que realizan y las relaciones que establecen hacia el interior, en su funcionamiento, y hacia el exterior, en su entorno, se han modificado sensiblemente con motivo de los cambios tecnológicos y debe ser una preocupación fundamental de los sistemas de justicia hacerse cargo de estos cambios porque solo de esta manera podrán asegurarse de trabajar de manera correcta hacia sus fines institucionales.

---

1 Magistrada en el Poder Judicial de la Federación.

Como es bien sabido, la pandemia aceleró el proceso de modernización y tecnificación que numerosos tribunales en el mundo habían iniciado décadas atrás. Lo mismo ocurrió en México, donde ya teníamos avances concretos en el sistema de juicio en línea del Tribunal Federal de Justicia Administrativa y en el uso de diversas plataformas tecnológicas con diferentes grados de desarrollo en tribunales de diversas entidades de la República.

Según se desprende de los Informes del Centro de Estudios de Justicia de Las Américas (CEJA),[2] nuestro país se encuentra entre aquellos que cuentan con diversos procesos automatizados y avances en los rubros de audiencias virtuales, gestión de expedientes, videoconferencias, plataformas electrónicas, firma, expedientes y notificaciones electrónicas. Por su parte, el Diagnóstico de Implementación de Herramientas Tecnológicas en los Poderes Judiciales en México[3] revela que son dispares los avances de los tribunales locales y federales, considerando las áreas relacionadas con presupuesto, planeación estratégica, capacitación, infraestructura, ciberseguridad, operabilidad y datos estadísticos, entre otros.

En este panorama nacional destacan algunos tribunales contencioso-administrativos, como el federal o el del estado de Guanajuato, que han dado muestra de las bondades y ventajas

---

2 Índice de Servicios Judiciales en Línea ISJL – 2018, disponible en: *https://biblioteca.cejamericas.org/bitstream/handle/2015/5612/Informe%20ISJL%202018%20FINAL.pdf?sequence=1&isAllowed=y* y el Estado de la Justicia en América Latina bajo el COVID-19 Medidas generales adoptadas y uso de TICs en procesos judiciales, disponible en: *https://biblioteca.cejamericas.org/bitstream/handle/2015/5648/REPORTECEJA_EstadodelajusticiaenALbajoelCOVID19_20mayo2020.pdf?sequence=5&isAllowed=y* (fecha de consulta: 18 de octubre de 2023).

3 México Evalúa. Centro de Análisis de Políticas Públicas, México, 2022, disponible en: *https://www.mexicoevalua.org/wp-content/uploads/2022/02/diagnostico-3feb-ok.pdf* (fecha de consulta: 18 de octubre de 2023).

que derivan de la incorporación del uso de las tecnologías en la labor cotidiana de los órganos jurisdiccionales.

A partir de estas premisas, toca mirar de qué manera las tecnologías impactan en la justicia administrativa.

II. DESARROLLO

Los poderes judiciales pueden ser examinados desde tres perspectivas distintas entre sí: como organizaciones, como medios para la realización de la función estatal de impartición de justicia —que desde el punto de vista material se traduce en la prestación de un servicio al público— y como operadores del derecho al realizar su función sustantiva, que es la de resolver las controversias con arreglo a la Constitución y a las normas que de ella emanan.

En cada una de estas dimensiones, el uso de las nuevas tecnologías, incluida la inteligencia artificial, enfrenta retos y produce consecuencias de diversa naturaleza.

Como organización, los poderes judiciales que han automatizado sus procesos se han enfrentado con la necesidad de identificar cada uno de los tramos en que desarrollan su actividad, las personas que tienen intervención en ellos, los parámetros dentro de los cuales deben participar, los escenarios que pueden generarse y las decisiones que pueden adoptarse para lograr el objetivo perseguido.

En este sentido, la automatización de procesos implica un ejercicio de gran valor porque obliga a las organizaciones a realizar una revisión exhaustiva de su actividad y de su funcionamiento regular. A la vez que aporta, sin duda, grandes beneficios en términos de eficiencia y eficacia.

La información sobre estos avances y beneficios es divulgada por los tribunales como un logro de la modernización.[4] Sin embargo, poco se sabe sobre los ejercicios de evaluación y rendición de cuentas que están realizando los tribunales para constatar las deficiencias de los sistemas o sus áreas de oportunidad, aunque no hay duda de que éstas existen y que, en ocasiones, la automatización excluye por definición la realización de diversas acciones que son relevantes para la función sustantiva.

> El escrutinio público sobre el sistema de justicia irá en incremento, ya sea a través de medios de comunicación social más incisivos, o de organizaciones no gubernamentales dedicadas a impulsar o hacer seguimiento a las políticas judiciales o a la evaluación de los funcionarios del sector, o bien, por parte de instituciones académicas interesadas en analizar e investigar su funcionamiento, sin olvidar el interés de los ciudadanos sobre estos temas.

Las mismas reformas iniciadas alentarán este proceso de apertura del sector justicia al escrutinio público:

> A su vez, estas mismas demandas retroalimentarán el proceso de reformas. Por ejemplo, la mayor atención ciudadana en la justicia impulsará a que las instituciones del sector enfaticen su preocupación por la satisfacción de sus usuarios. Desde lo más básico, como es el establecimiento de sistemas de información al público, hasta lo más sofisticado, como la creación de estándares de satisfacción del cliente, la voz del usuario se hará presente en el funcionamiento de la justicia.[5]

---

4 Por ejemplo, véase el apartado 4.4 del Informe Anual de Actividades 2022 del Tribunal de Justicia Administrativa del Estado de Jalisco, disponible en: *https://tjajal.gob.mx/files/informes/INFORME_ANUAL_TJAEJ_2022.pdf*, así como el Informe similar rendido por el Tribunal de Justicia Administrativa del Estado de Guanajuato, p. 19, disponible en: *https://transparencia.tcagto.gob.mx/wp-content/uploads/2023/01/INFORME_TJA_2022.pdf* (fecha de consulta: 17 de octubre de 2023).

5 Centro de Estudios de Justicia de Las Américas y Microsoft. Perspectivas de Uso e Impactos de las TIC en la Administración de Justicia en América Latina, Santiago de Chile, 2016, p. 19, disponible en: *https://*

Así, la evaluación de la operación de las herramientas tecnológicas resulta de la mayor importancia y puede realizarse a través de diversas acciones que incluyan no solo una auditoría informática, sino también otras que impliquen la participación de las personas, como encuestas de satisfacción entre los usuarios y análisis de datos por el área de gestión judicial.

Tratándose de diligencias virtuales, el correcto desarrollo del proceso exige que se elaboren, difundan y se pongan en operación protocolos de actuación que contengan con precisión las condiciones en las cuales se llevarán a cabo, así como las reglas que deberán observar los servidores judiciales y las personas participantes en ellas.[6] La ausencia de estos protocolos genera incertidumbre y, peor aún, inconsistencia en las actuaciones judiciales que impedirán un tratamiento y valoración uniforme de los resultados que arrojen estas actuaciones.

Además, aunque son claras las bondades de las diligencias virtuales, cabe tener presente que comportan riesgos para la observancia del principio de inmediación, en tanto que el uso de pantallas y dispositivos electrónicos pueden entorpecer o alterar la conducta de quienes participan como operadores judiciales o justiciables, así como su percepción de lo ocurrido durante ellas. La capacitación se vuelve entonces una actividad esencial en los procesos de formación del personal que interviene en las diligencias y los protocolos, un auxilio invaluable para los usuarios a fin de que puedan anticipar las circunstancias de tiempo, modo y lugar en que aquéllas se realizarán.

---

biblioteca.cejamericas.org/bitstream/handle/2015/3955/Libroblancoe-justicia.pdf?sequence=1&isAllowed=y (fecha de consulta: 18 de octubre de 2023)

[6] En diversos países de Latinoamérica ya se utilizan, como en Argentina. Véase el punto 7 del Apartado de Conclusiones Generales del CEJA del informe El Estado de la Justicia en América Latina bajo el COVID-19 Medidas generales adoptadas y uso de TIC en procesos judiciales, ya citado.

Los tribunales también deben tener especial cuidado en dos labores de confección interna: la captura anonimizada de datos y las condiciones del teletrabajo. Sobre la captura de datos, que resulta un insumo indispensable para el uso de las nuevas tecnologías, existe información abundante sobre los riesgos que representan los sesgos que pueden derivar de las personas a cargo de ella o de los propios lineamientos que define el órgano de gobierno del tribunal para desarrollar esta tarea.

> La relación entre los humanos y sus tecnologías está llena de paradojas. Una de ellas es el hecho de que los seres humanos diseñamos los algoritmos y, por así decirlo, les dotamos de una vida propia para reducir nuestra arbitrariedad, lo que a su vez introduce nuevos sesgos en el escenario. Se trata de una operación en cierto modo paradójica porque unos sesgos corrigen otros y a su vez producen otros nuevos. Nos enfrentamos a un dilema que podría implicar una regresión al infinito y para cuya solución no parece tecnológicamente beneficiosa una intervención temprana de los humanos, pero mucho menos aceptable desde el punto de vista normativo y de legitimidad que dispongan los algoritmos de la última palabra. Dado el actual estado de la tecnología y, sobre todo, nuestras aspiraciones de configurar un entorno algorítmico justo, la solución deseable deberá de consistir en un equilibrio entre performatividad tecnológica e intervención humana responsable.
>
> Si la cuestión de la justicia fuese un concepto pacíficamente compartido o una medición objetiva y calculable, entonces una agregación algorítmica podría hacerse cargo de la compatibilización de intereses y preferencias. Dado su carácter controvertido, es decir, político, la tecnología puede ayudarnos, pero no parece capaz de resolver este problema. Y a este respecto la teoría deliberativa de la democracia ofrece el mejor marco en el que organizar la conversación para corregir la supuesta objetividad algorítmica con las plurales preferencias de los humanos.[7]

---

[7] Innerarity Daniel, "Justicia algorítmica y autodeterminación deliberativa", *ISEGORÍA. Revista de filosofía moral y política*, núm. 68, enero-junio de 2023, e23, *https://doi.org/10.3989/isegoria.2023.68.23* (fecha de consulta: 16 de octubre de 2023).

Se requiere de una experiencia judicial robusta para establecer los criterios de recolección de datos, para identificar sus tipos y relevancia, por lo que es necesario que esta actividad no se deje en manos de las personas expertas en informática y ciberseguridad, pues su éxito depende de la conformación de equipos interdisciplinarios compuestos además por juzgadores con amplia experiencia y otras personas con conocimientos sólidos en estadística, gestión judicial, planeación judicial, defensoría pública y áreas afines.

Sobre el teletrabajo, puede ser errónea la percepción de que cualquier persona es capaz de realizar su trabajo a distancia, dado que la experiencia adquirida durante la pandemia releva que en numerosas ocasiones, los equipos de trabajo están conformados por servidores que requieren de supervisión continua y responden mejor a un estilo de liderazgo, o que carecen de las condiciones materiales (equipos, infraestructura de la vivienda, dinámica del hogar) necesarias para desempeñar su trabajo de manera óptima. Por tanto, la calidad de la justicia impartida por los tribunales cuyos operadores realizan teletrabajo en un porcentaje elevado puede no ser la misma que la que sería de haberse prestado a través de un trabajo presencial.

No es una observación de poca importancia aquella que considera que la calidad de la justicia que los tribunales imparten está afectada por la justicia con la cual tratan a sus servidores, y el teletrabajo puede representar serios inconvenientes para los trabajadores cuando no se presta en las condiciones previstas en la Norma Oficial Mexicana NOM-037-STPS-2023, Teletrabajo-Condiciones de seguridad y salud en el trabajo.[8]

Hasta aquí los comentarios sobre el impacto de las nuevas tecnologías en los poderes judiciales vistos como organizaciones.

Ahora, como órganos encargados de la función pública de impartir justicia, cabe tener presente que el derecho a la tutela

---

[8] *Diario Oficial de la Federación*, 8 de junio de 2023.

judicial efectiva en su vertiente de acceso a la jurisdicción exige que los tribunales se aseguren de que los sistemas de entrada a los procesos jurisdiccionales cumplan con los estándares mínimos que aseguren la idoneidad, accesibilidad, disponibilidad, adaptabilidad, aceptabilidad y calidad[9] de las herramientas puestas a disposición de la población.

La experiencia de quienes hemos vivido esta transformación tecnológica revela que una parte de la población usuaria del servicio de impartición de justicia carece, en general, de las habilidades y aptitudes necesarias para utilizar de manera exitosa las herramientas tecnológicas utilizadas por los tribunales, lo que se ha traducido en indefensión.

Para muestra de lo anterior basta considerar los problemas que ha generado el uso de las firmas electrónicas en los tribunales locales y en los federales, específicamente en los que conocen del juicio de amparo, y sus consecuencias, en particular aquellas que se traducen en la pérdida de la oportunidad de la persona promovente de ejercer oportunamente su acción.

Sobre este tema, son ilustrativas las tesis jurisprudenciales y aisladas publicadas en el *Semanario Judicial de la Federación* con los registros digitales 2027369, 2025488 y 2025459 y rubros siguientes: "Demandas de amparo presentadas a través de los sistemas electrónicos de los poderes judiciales locales. Satisfacen el principio de instancia de parte agraviada si cuentan con el certificado digital respectivo", "Demanda de amparo indirecto presentada durante la crisis sanitaria originada por el virus SARS-COV-2 (COVID 19), a través del portal de servicios en línea del poder judicial de la federación. Debe desecharse cuando

---

9 Indicadores utilizados en las Observaciones Generales del Comité de Derechos Económicos, Sociales y Culturales al analizar los derechos humanos de educación, alimentación, salud y vivienda.

CARECE DE LA FIRMA ELECTRÓNICA DEL QUEJOSO, SALVO QUE SE ACTUALICE LA EXCEPCIÓN CONTEMPLADA EN EL ARTÍCULO 109 DE LA LEY DE AMPARO" y "FIRMA ELECTRÓNICA (E.FIRMA) DE LA PERSONA MORAL EXPEDIDA POR EL SERVICIO DE ADMINISTRACIÓN TRIBUTARIA. NO ES VÁLIDA PARA SUSCRIBIR ESCRITOS PRESENTADOS A TRAVÉS DEL PORTAL DE SERVICIOS EN LÍNEA DEL PODER JUDICIAL DE LA FEDERACIÓN, NO OBSTANTE, DEBE PREVENIRSE A LA QUEJOSA PARA QUE LOS RATIFIQUE".

Además, es inaceptable la idea prevaleciente en algunos órganos encargados de los procesos de planeación y modernización en los tribunales de que el futuro está asociado exclusivamente a las mejoras de las herramientas tecnológicas. En países como el nuestro, existen tramos importantes de la población que no tienen acceso a las tecnologías, como tampoco lo tienen a la educación o a los servicios públicos básicos, porque viven en extrema pobreza, en contextos de marginalidad o porque participan de costumbres y creencias por completo ajenas a la tecnificación.

¿Cómo se explica a una persona que no sabe leer ni escribir en lengua española, que una demanda debe presentarse a través de una plataforma electrónica a la que se conecta por medio de un dispositivo móvil o una tableta, para lo cual deberá ingresar cierta información que quizá incluso desconoce? Y resulta que precisamente son tales grupos de la población los que tienen una mayor demanda de justicia.

La tutela judicial efectiva es caracterizada como un derecho-puente, en el sentido de que, a través de su pleno ejercicio, las personas pueden hallar la realización la realización de otros numerosos derechos, como los de propiedad, igualdad y no discriminación, a la salud, a la vivienda, al agua, a las libertades diversas o al libre desarrollo de la personalidad, por citar algunos.

Por tanto, frente al derecho de acceso a la jurisdicción, los tribunales están obligados a considerar cómo atender estas demandas y cómo ayudar a los usuarios para que encuentren facilidades en su entrada a los procesos judiciales.

También deben considerar los riesgos de la desformalización de las comunicaciones judiciales. Algunos tribunales han privilegiado las notificaciones electrónicas o el uso de otros medios como los correos electrónicos o los mensajes a través de alguna plataforma que garantiza secrecía, pero estos instrumentos traen aparejados riesgos asociados a la falta de certidumbre sobre el conocimiento oportuno y completo de esas comunicaciones por parte del destinatario debido a conductas atribuibles a este último o al funcionamiento deficiente de los sistemas (problemas de saturación de los correos o mensajes, pérdida de información, errores en el manejo, interrupciones generalizadas en los servicios de Internet, etcétera).

Finalmente, el uso de nuevas tecnologías debe garantizar que los tribunales cumplan con los parámetros de regularidad, uniformidad y continuidad del servicio al público, lo cual solo puede conseguirse si los esfuerzos de modernización están soportados en una provisión oportuna y suficiente de recursos públicos y en acciones de planeación estratégica, condiciones ambas que no siempre están presentes en los contextos locales en donde se desenvuelven los órganos jurisdiccionales.

Además, deben prever las consecuencias que pueden derivar del mal funcionamiento de las plataformas y herramientas tecnológicas, y la manera en que el Estado y/o sus servidores responderán por los daños que se causen a los usuarios del servicio.

Aunque no conozco información disponible sobre juicios de responsabilidad patrimonial del Estado por fallas en el servicio de impartición de justicia asociados con cuestiones tecnológicas, ni sobre procedimientos de responsabilidad administrativa por conductas irregulares de los servidores públicos en el desarrollo e implementación de herramientas de esa naturaleza, no puede descartarse la posibilidad de que existan o puedan existir.

En este escenario, debe tenerse presente la cuestión, ampliamente explorada por la doctrina especializada en el tema,[10] relativa a las dificultades de identificar a los responsables del mal funcionamiento de tecnología basada en inteligencia artificial, dificultades que no pueden ser ignoradas por los órganos decisorios de los tribunales que abrazan los avances en esta materia.

Hasta aquí los comentarios sobre los tribunales como encargados de realizar la función estatal de impartición de justicia y prestadores del servicio a la población. Ahora toca ocuparse del impacto de las nuevas tecnologías en la realización de la función sustantiva de los tribunales. Desde el punto de vista procesal, las nuevas tecnologías representan desafíos en materia de pruebas.

La modernidad y los cambios producidos en la manera en que las personas interactúan entre sí implican que numerosas relaciones se establezcan a través de dispositivos tecnológicos o incluso en ambientes artificiales, lo que explica que la demostración de los hechos en que descansan las acciones judiciales pueda realizarse a través de archivos digitales o elementos aportados por la ciencia o la técnica.

Un primer acercamiento con el tema lleva a considerar cómo se incorporan las pruebas al proceso tratándose del juicio en línea. Cada tribunal emite sus propios lineamientos para identificar las acciones y los conductos a utilizar para incorporar pruebas documentales en los procesos en línea. Por ejemplo, en el caso del Poder Judicial de la Federación, el Acuerdo General 12/2020 del Pleno del Consejo de la Judicatura Federal, que regula la integración y trámite de expediente electrónico y el uso de videoconferencias en todos los asuntos competencia de

---

10 Bathaee, Yavar, "The artificial intelligence black box and the failure of intent and causation", *Harvard Journal of Law & Technology*, vol. 31, num. 2, Spring 2018, disponible en: *https://jolt.law.harvard.edu/assets/articlePDFs/v31/The-Artificial-Intelligence-Black-Box-and-the-Failure-of-Intent-and-Causation-Yavar-Bathaee.pdf* (fecha de consulta: 16 octubre de 2023).

los órganos jurisdiccionales a cargo del propio Consejo prevé las reglas aplicables[11] y el máximo tribunal sentó el criterio relativo en la tesis con Registro digital: 2022826, de rubro siguiente: DOCUMENTOS DIGITALIZADOS QUE SE INGRESAN COMO PRUEBAS AL EXPEDIENTE ELECTRÓNICO EN EL JUICIO DE AMPARO. EL ÓRGANO JURISDICCIONAL DEBE CONSIDERARLOS COMO SI SE HUBIERAN PRESENTADO EN SU VERSIÓN FÍSICA, SIN PERJUICIO DE QUE PUEDAN SER OBJETADOS POR LAS PARTES, Y SÓLO EXCEPCIONALMENTE, ANTES DE DEMERITAR SU VALOR PROBATORIO, REQUERIR AL OFERENTE EL DOCUMENTO FUENTE.

La regla acogida en el referido acuerdo, según la cual se reputarán originales o documentos auténticos aquellos que se ofrezcan como tales en las demandas y promociones presentadas a través del portal electrónico, supone un tratamiento novedoso y distinto de aquel aplicable a los expedientes físicos, conforme al cual debe distinguirse entre los documentos originales, las copias simples y las fotocopias. En términos de los artículos 202 a 210 y 217 del Código Federal de Procedimientos Civiles y de las tesis publicadas con los registros digitales 192109 y 2002783 de rubros siguientes: "COPIAS FOTOSTÁTICAS SIN CERTIFICAR. SU VALOR PROBATORIO QUEDA AL PRUDENTE ARBITRIO JUDICIAL COMO INDICIO"

---

11 Su artículo 3, fracción VI, dispone: "Artículo 3. La integración y consulta de los expedientes electrónicos regulados en el presente Acuerdo General se regirán por las siguientes bases: VI. Los documentos públicos que se ingresen a un expediente electrónico mediante el uso de Firma Electrónica conservarán el valor probatorio que les corresponde conforme a la legislación aplicable, siempre y cuando al presentarse por vía electrónica se manifieste bajo protesta de decir verdad que el documento digitalizado respectivo es copia íntegra e inalterada del documento impreso. Al respecto, la juzgadora o juzgador que conozca del asunto podrá solicitar, de manera oficiosa o a petición de algunas de las partes legitimadas para tal efecto, el cotejo con el documento original, o su incorporación al expediente hasta el momento procesal oportuno".

y "Documentos privados originales y copias fotostáticas simples. Su valor probatorio en los juicios mercantiles".

Desde luego, esta distancia entre una y otras reglas desaparece cuando se trata de archivos digitales, autentificados con una evidencia criptográfica, frente a los cuales carece de sentido la diferencia entre originales y reproducciones, aunque existen ciertas formalidades aplicables para las transferencias de archivos.[12]

Entonces, la valoración de estos documentos se desplaza a otras cuestiones como la identificación de la firma o certificado digital utilizado, la confiabilidad de la tecnología con la cual se produjo, la regulación aplicable y, en su caso, su ámbito de eficacia o su idoneidad en ciertos campos del derecho. El uso de nuevas tecnologías también exige que los tribunales adopten estándares que faciliten el uso y organización de la información almacenada en el expediente electrónico o en los sistemas de gestión de expedientes, algunos de los cuales son de implementación muy sencilla pero que hacen la diferencia en el tratamiento de la información; por ejemplo, los archivos digitales que contienen diligencias judiciales deberían contar siempre con un índice o algún otro instrumento que permita su consulta segmentada, para facilitar su consulta por los órganos de alzada.

Otra cuestión es la referente a la eficacia probatoria de la información existente en Internet, en sitios oficiales, en redes

---

12 Véase los registros digitales: 2027431, 2027432 y 2027433, de rubros siguientes: "Copias de expedientes judiciales certificadas digitalmente. Formalidades que deben observarse para su transmisión en archivo digital por medio de correo electrónico", "Copias de expedientes judiciales certificadas digitalmente. Su entrega puede realizarse mediante la transmisión de un archivo digital por correo electrónico" y "Copias de expedientes judiciales certificadas digitalmente. su expedición es procedente mediante el uso de la firma electrónica certificada del Poder Judicial de la Federación (FIREL) de la persona que las coteje".

sociales, en chats privados, etcétera, sobre la cual apenas los criterios jurisprudenciales están en construcción. Entre ellos pueden citarse, por ejemplo, los que han analizado la actividad probatoria de estos elementos a la luz del derecho a la inviolabilidad de las comunicaciones, como se aprecia en las tesis identificadas con los registros digitales 161335, 161339 y 2013199: "Derecho a la inviolabilidad de las comunicaciones privadas. Su objeto de protección incluye los datos que identifican la comunicación", "Derecho a la inviolabilidad de las comunicaciones privadas. Momento en el cual se considera interceptado un correo electrónico" y "Comunicaciones privadas. El hecho de que uno de los participantes dé su consentimiento para que un tercero pueda conocer su contenido, no implica una transgresión al derecho fundamental a su inviolabilidad"; y las que han desarrollado el concepto de hecho notorio, como las difundidas con el registro digital 2019001, de rubro: "Condiciones generales de trabajo. Cuando se encuentran publicadas en medios de consulta electrónica tienen el carácter de hechos notorios y no son objeto de prueba".

En la jurisdicción contenciosa administrativa es particularmente relevante el tema tratándose del ejercicio de las facultades de inspección y verificación de las autoridades administrativas en las materia fiscal y de competencia económica, cuando al asegurar los equipos de cómputo descubren información que revela la participación de las personas en actividades irregulares. Entonces, la cuestión a decidir es hasta dónde alcanza aquel derecho constitucional y hasta dónde la autoridad puede utilizar esa información para dar contenido a sus resoluciones.

Más grave aún es la falta de regulación de la actividad que desarrollan los órganos de inteligencia financiera del Estado para rastrear la actividad de las personas en la red a fin de extraer y procesar información útil para el desarrollo de sus funciones de prevención y persecución de conductas ilícitas, como el lavado de dinero, la delincuencia organizada o actividades terroristas, y las dificultades que representa su valoración en juicios en donde se reclaman acciones concretas de aseguramiento de cuentas bancarias o inmovilización de activos. Estos temas han sido escasamente explorados por la judicatura en razón de que no son planteados ni por las autoridades ni por las personas afectadas, a pesar de que se encuentran necesariamente implícitos en las acciones previas a la resolución impugnada en sede administrativa o judicial.

Finalmente, dadas las limitaciones de las acciones de capacitación de los operadores judiciales y de la abogacía forense, la decisión de los procesos judiciales puede estar determinada, en algunos casos, por el conocimiento personal de los funcionarios judiciales porque estos, ante la necesidad de resolver sus propias interrogantes sobre los casos sometidos a su conocimiento, pueden verse obligados a estudiar por su cuenta los nuevos fenómenos, lo cual representa un riesgo que debería ser considerado por las organizaciones judiciales, en tanto puede traducirse en la impartición de una justicia desigual.

La tecnología al servicio de la justicia también ha puesto a disposición herramientas que facilitan el uso y procesamiento de información para la gestión y resolución de los expedientes. Los éxitos alcanzados en estas materias por sistemas como Prometea (Argentina), Synapses, Victor y Socrates (Brasil) o Pretoria (Colombia),[13] atestiguan la manera en que el empleo de estos instrumentos significa una reducción considerable de tiempos y una mejora notable en el rendimiento de la labor judicial.

Existen numerosas razones para sostener que el uso de programas que faciliten las tareas de organización, clasificación y procesamiento de información, de búsqueda de preceden-

---

13 Segura, Romina Estefanía, "Inteligencia artificial y administración de justicia: desafíos derivados del contexto latinoamericano", *Revista Bioética y Derecho*, Barcelona, núm. 58, 2023, Epub 25-Sep-2023, versión *on line*, disponible en: *https://dx.doi.org/10.1344/rbd2023.58.40601* (fecha de consulta: 17 de octubre de 2023).

tes judiciales, de redacción e incluso de argumentación puede contribuir decisivamente a la mejora de la función judicial.

Lamentablemente, numerosos tribunales de nuestro país carecen del presupuesto mínimo requerido para prestar el servicio de impartición de justicia con niveles aceptables de calidad y de oportunidad e, incluso, para pagar remuneraciones dignas a sus servidores, de modo que están muy lejos del escenario antes descrito. Algunos otros, como los tribunales de la Ciudad de México y de los estados de Nuevo León, México, Baja California Sur, Guanajuato y Coahuila, tienen los recursos y la voluntad institucional de adoptar las nuevas tecnologías para cumplir de mejor manera sus cometidos institucionales.

Y eventualmente, estos tribunales se enfrentarán a la disyuntiva de emplear o no los sistemas inteligentes de la justicia predictiva, que permiten hacer un pronóstico o una aproximación sobre las posibles soluciones a las cuestiones planteadas en un juicio a partir de la información relativa a los juicios similares resueltos por los tribunales.

En mi opinión, el uso responsable de estos programas por operadores judiciales debidamente capacitados, conocedores de los riesgos asociados a su empleo, conforme a los protocolos e instrumentos guía elaborados *ex profeso* y la supervisión constante de las instancias superiores que permita identificar los resultados obtenidos e identificar los ajustes que deban aplicarse para mantener su funcionamiento en condiciones óptimas, podría ser una ayuda invaluable para la judicatura.

Mientras se alcanza tal estado de cosas, en el presente ya se observan distorsiones en la decisión de los procesos asociadas al uso de tecnología; entre ellas, las relacionadas con la igualdad entre las partes, la distribución de las cargas probatorias y la deferencia a los peritos y técnicos.

El uso de tecnologías, como se ha explicado, puede representar ventajas o desventajas para las partes en el proceso, dependiendo de su nivel de desarrollo humano, de sus condiciones económicas, sociales o culturales, del conocimiento o dominio de las nuevas herramientas y, por tanto, esas diferencias pueden trascender en su posición frente al tribunal. Por ejemplo, en el desahogo de una prueba científica, la parte con poder adquisitivo suficiente podrá contratar a un experto en la materia para demostrar sus afirmaciones, lo que impactará en la elaboración del cuestionario, su ampliación y el dictamen, en tanto que la contraparte puede carecer de los recursos para contratar su propio perito y tendrá que recibir los servicios de un perito designado por el tribunal quien, incluso, como ha demostrado la experiencia, puede no estar siquiera calificado para la encomienda. Este escenario exige que el tribunal ponga especial atención en las condiciones de ofrecimiento y desahogo de las pruebas técnicas y científicas.

Otro problema que se encuentra presente en numerosos procesos es la actitud de la persona juzgadora de brindar cierta deferencia a la opinión de los peritos y expertos científicos y técnicos. En la resolución de un asunto que requiera la comprensión de una cuestión técnica o científica, los tribunales se auxilian de los expertos cuyas opiniones deben ilustrarlos para decidir los conflictos sometidos a su conocimiento, pero este auxilio supone que los dictámenes reúnan una serie de condiciones (claridad, concisión, respaldo en fuentes, justificación, suficiencia, etcétera) que puedan ser apreciadas por los operadores jurídicos y permita su valoración adecuada.

El Código Federal de Procedimientos Civiles[14] y otros códigos procesales estatales contienen lineamientos para la valoración de

---

[14] Artículo 210-A. Se reconoce como prueba la información generada o comunicada que conste en medios electrónicos, ópticos o en cualquier otra tecnología.
Para valorar la fuerza probatoria de la información a que se refiere el párrafo anterior, se estimará primordialmente la fiabilidad del método en que haya sido generada, comunicada, recibida o archivada y,

la prueba derivada de los adelantos tecnológicos y la Suprema Corte de Justicia de la Nación ha sentado las bases para que los tribunales realicen una adecuada valoración de la prueba científica.[15]

Debido a que es frecuente que los dictámenes no reúnan las condiciones necesarias para su correcta valoración y sean enteramente dogmáticos, algunos tribunales tienen la tentación de adoptar como suyas las conclusiones de los peritos y a partir de ellas decidir la contienda. También ocurre así cuando la persona juzgadora asume que su labor se agota en la realización de inferencias jurídicas y no incluye la comprensión de aspectos técnicos o científicos.

Esta abdicación de la labor de comprender las cuestiones técnicas y científicas, en mi opinión, es inaceptable, porque la responsabilidad de los jueces es conocer los hechos, valorarlos y aplicar la norma que mejor conduzca a la realización de la justicia y si para lograr ese propósito es necesario desentrañar fenómenos técnicos o científicos, entonces no puede delegarse esa tarea en personas terceras.

Los hechos de hoy están compuestos frecuentemente de la interacción de las personas con elementos técnicos o científicos de manera que dar la espalda al conocimiento de estos últimos puede significar un obstáculo para juzgar debidamente los hechos.

---

en su caso, si es posible atribuir a las personas obligadas el contenido de la información relativa y ser accesible para su ulterior consulta. Cuando la ley requiera que un documento sea conservado y presentado en su forma original, ese requisito quedará satisfecho si se acredita que la información generada, comunicada, recibida o archivada por medios electrónicos, ópticos o de cualquier otra tecnología, se ha mantenido íntegra e inalterada a partir del momento en que se generó por primera vez en su forma definitiva y ésta pueda ser accesible para su ulterior consulta.

15 Registro digital: 173072, de rubro: "CONOCIMIENTOS CIENTÍFICOS. CARACTERÍSTICAS QUE DEBEN TENER PARA QUE PUEDAN SER TOMADOS EN CUENTA POR EL JUZGADOR AL MOMENTO DE EMITIR SU FALLO".

Afortunadamente, la doctrina, la legislación y la jurisprudencia generada sobre todo en los países con mayor desarrollo tecnológico han hecho aportaciones significativas que pueden servir de guía a los tribunales para enfrentarse a desentrañar las cuestiones que son y serán cada vez más materia de los juicios.

Por ejemplo, tratándose de sistemas de inteligencia artificial, han puesto en evidencia que para determinar su correcta operación —desde su diseño hasta su ejecución— deben considerarse elementos tales como las tecnologías utilizadas, las fuentes de donde provino la información que se incorporó a sus bancos de datos, los criterios de clasificación y los posibles sesgos en ellos, el código fuente, la información proporcionada a los usuarios, los razonamientos y algoritmos empleados, los resultados obtenidos por otros usuarios, etcétera. Mientras los abogados no se capaciten para proponer a los tribunales el examen de cuestiones de tal índole, seguirá en tinieblas el desarrollo de estos temas que serán de gran importancia en los próximos años.

También puede suceder que ante las dificultades que enfrenten las partes para demostrar algún hecho relacionado con las nuevas tecnologías, alguna de ellas se encuentre en una posición debilitada frente a su contraparte, debido a la naturaleza de la relación que las une.

La disparidad está típicamente presente en las relaciones que se examinan en la justicia administrativa, en donde la persona actora puede estar sometida a una relación de poder estatal o en donde se trata de dos particulares, pero uno de ellos con ventajas respecto del otro, como sucede en la relación entre proveedor y consumidor.

En tales supuestos, es menester tener presente que la Suprema Corte de Justicia de la Nación, considerando la aptitud de las partes para probar sus afirmaciones y las dificultades materiales y formales para hacerlo, ha admitido la reversión de la carga probatoria o ha establecido un estándar disminuido de prueba. Algunos ejemplos se contienen en las tesis sobre los temas de responsabilidad patrimonial por atención médica deficiente, bullying, proporcionalidad, derechos fiscales y violencia familiar. [16]

La capacitación sigue siendo la pieza clave en el conocimiento y empleo de estos desarrollos de gran valor para la función judicial.

Aunque lo expuesto hasta aquí pone de manifiesto la diversidad y la magnitud de los impactos de la tecnología en el quehacer judicial en general, lo cierto es que la justicia administrativa enfrenta además el reto mayúsculo de cumplir cabalmente su función protectora del principio de legalidad que rige la actuación de la Administración en una época en que los cambios producidos en la conducta humana han impactado en los conceptos centrales del derecho y, en particular, en las funciones del Estado y en la manera en que se relaciona con las personas.

Los conceptos jurídicos con base en los cuales se han construido las instituciones y su regulación por el derecho resultan hoy insuficientes frente a realidades que, por motivos diversos, entre ellos, la tecnología, comprenden elementos que les resultan ajenos, cuando no, excluyentes.

Frente a la noción de ser humano, como centro del derecho, hoy se cuestiona el modelo antropocéntrico y se reconoce

---

[16] Registros digitales 2005254, 2010344, 2012513, 2023556 y 2024635, de rubros siguientes: "Proporcionalidad tributaria. carga probatoria, tratándose de derechos por servicios", "Bullying escolar. Los centros escolares tienen la carga de la debida diligencia", "Responsabilidad civil extracontractual en materia médico-sanitaria. Distribución de la carga de la prueba", "Carga dinámica de la prueba. Supuestos en los que la autoridad jurisdiccional puede excepcionalmente revertir la carga de la prueba" y "Violencia familiar. Las personas juzgadoras deben recabar y ordenar las pruebas necesarias para esclarecer los hechos, cuando la violencia involucre los derechos de los integrantes de un grupo vulnerable o exista desigualdad por razón de género".

a los seres sintientes e incluso a bienes de la naturaleza que, aun cuando sea por razones de tutela, se constituyen en un sentido muy amplio como titulares de ciertos derechos sui géneris.[17]

Al lado de la personalidad jurídica, se discute la posibilidad de crear una personalidad electrónica para hacer posible que los robots y los sistemas inteligentes sean centros de imputa-

---

[17] "En relación con este tema, esta Primera Sala no desconoce que en el derecho comparado se puede apreciar una tendencia a modificar el estatus jurídico que tienen los animales en las leyes que rigen la propiedad privada, que en algunos países se ha identificado como un movimiento por la «descodificación» de los animales. En efecto, incluso en nuestro país se han empezado a dar algunos pasos en esa dirección, como lo muestra el hecho de que algunas legislaciones locales hayan dejado de considerar a los animales simplemente objetos o cosas susceptibles de apropiación y se haya empezado a concebirlos como «seres sintientes» merecedores de un «trato digno» por parte de los humanos o «seres sintientes que experimentan distintas sensaciones físicas y emocionales», estatus que genera en las personas la obligación legal de «procurar su protección, respeto y bienestar, conforme a los principios éticos».
No obstante, hay que recordar que nuestra Constitución no contiene ninguna disposición de la que pueda desprenderse que el legislador está constitucionalmente obligado a dictar normas que protejan a los animales de los malos tratos, ni menos aún existe el deber constitucional de establecer normas que trasciendan el estatus jurídico de los animales como «objetos» o «cosas» susceptibles de apropiación que avancen en el proceso de «descosificación» de los animales". Amparo en revisión 163/2018 resuelto por la Primera Sala de la Suprema Corte de Justicia de la Nación en sesión del 31 de octubre de 2018.

ción de efectos jurídicos,[18] y una identidad digital[19] para caracterizar nuestro desempeño en el ciberespacio.

La idea de contrato como el negocio que exige la concurrencia de la voluntad de personas, no se corresponde con la noción de las operaciones que se llevan a cabo con la participación de sistemas inteligentes (contratos inteligentes) o con el uso de tecnologías como el *blockchain*.

La clasificación de las cosas en bienes materiales e inmateriales y los primeros en bienes muebles e inmuebles ha perdido sentido cuando se concibe a los animales como integrantes de la familia multiespecie,[20] a los robots con inteligencia artificial como

---

18 "59. Pide a la Comisión que, cuando realice una evaluación de impacto de su futuro instrumento legislativo, explore, analice y considere las implicaciones de todas las posibles soluciones jurídicas, tales como: f) crear a largo plazo una personalidad jurídica específica para los robots, de forma que como mínimo los robots autónomos más complejos puedan ser considerados personas electrónicas responsables de reparar los daños que puedan causar, y posiblemente aplicar la personalidad electrónica a aquellos supuestos en los que los robots tomen decisiones autónomas inteligentes o interactúen con terceros de forma independiente". Resolución del Parlamento Europeo, de 16 de febrero de 2017, con recomendaciones destinadas a la Comisión sobre normas de Derecho civil sobre robótica (2015/2103(INL)), disponible en: *https://www.europarl.europa.eu/doceo/document/TA-8-2017-0051_ES.html*

19 Liceda,Ernesto, "la identidad digital", *Anales*, núm. 41, Facultad de Ciencias Jurídicas y Sociales. Universidad Nacional de La Plata, Argentina, 2011, disponible en: *http://sedici.unlp.edu.ar/bitstream/handle/10915/20717/Art+23.pdf?sequence=1*

20 "[...] la realidad actual es que los animales domésticos han pasado a ser en algunos senos familiares, parte de los miembros de la familia. Desempeñan un papel de protección, apoyo, compañía, cariño y cuidado hacia los humanos. Incluso, es clara la relación de apego recíproca entre las personas y los animales domésticos, en las familias multiespecie, porque se les trata como parte de la familia. Son, en pocas palabras miembros de ella, de allí la denominación de familia multiespecie o interespecie". Amparo directo 454/2021 resuelto por

entes capaces de tomar decisiones sin supervisión y a los elementos presentes en el metaverso como objetos de contratación en temas relativos a la protección del consumidor, la transmisión de la propiedad, la protección de datos y la responsabilidad civil.[21]

La regulación del contrato de trabajo, como aquel caracterizado por la existencia de un patrón y un trabajador, o la del contrato de prestación de servicios entre dos personas con obligaciones recíprocas resulta insuficiente para resolver los casos que se presentan en el trabajo colaborativo a través del uso de plataformas tecnológicas.

El matrimonio, la familia monogámica, la interdicción, la inmutabilidad del nombre y la teoría del autor del delito suponen referencias conceptuales que no encuentran asidero en el estado actual del derecho en nuestro país. Es innegable, por tanto, que, al cambiar la realidad, el derecho está viviendo una transformación desde las bases que impacta necesariamente en lo que aún llamamos derecho público, en el cual queda comprendido el derecho administrativo.

Correlativamente, los conflictos entre el Estado y los particulares presentan variaciones significativas que impactan en la impartición de justicia administrativa, desde varios frentes. Uno concerniente a la reacción del Estado, específicamente de los órganos administrativos, frente a los cambios sociales, políticos, económicos y de cualquier otra índole asociados a las nuevas tecnologías, ya que antes de que la legislación pueda reaccionar para normar estos fenómenos, es la administración quien cotidianamente se enfrenta con los cambios y se halla compelida a actuar.

---

el Décimo Primer Tribunal Colegiado en Materia Administrativa del Primer Circuito en sesión del dos de marzo de dos mil veintitrés.

21 Argelich Comelles, Cristina, *Contratos de consumo, derechos reales inmobiliarios, privacidad y responsabilidad civil en el metaverso*, 2023, disponible en: *https://papers.ssrn.com/sol3/papers.cfm?abstract_id=4434577.*

Cuando los órganos administrativos se encuentran ante un fenómeno que no está regulado, pueden actuar con criterios conservadores, que busquen limitar, suprimir o inhibir esas conductas, o por medio de una producción normativa desorientada, que al carecer de bases legales vulnera el principio de legalidad y, en particular, los subprincipios de reserva de ley, subordinación a la ley y reserva reglamentaria.

Otro atinente a las consecuencias que la acción del Estado produce en las esferas de libertad de las personas que se han visto sensiblemente ampliadas —en algunos supuestos, de manera anárquica— gracias a los avances tecnológicos, como ocurre tratándose de la libertad de expresión, el derecho de acceso a la información, la libertad de asociación, o seriamente lesionadas por el uso indebido de la tecnología, como los derechos a la intimidad, la igualdad, o los derechos de la personalidad (a la buena reputación o a la imagen).

Las acciones estatales orientadas a la supervisión de la población, al control de los fenómenos sociales, al seguimiento de flujos de información o de recursos, al combate a las conductas ilícitas y a la prevención de conflictos sociales frecuentemente utiliza la tecnología para hacerlo de la manera más eficiente[22] y esta conducta implica la posibilidad de que atente en contra de los principios que rigen la actividad del Estado en una sociedad democrática. Así, sin llegar al extremo de realizar conductas abiertamente ilegales como la intervención de comunicaciones privadas sin control judicial previo, se apro-

[22] Por ejemplo, la Directiva sobre el PNR que tiene por objeto regular la transferencia de datos del registro de nombres de los pasajeros de las compañías aéreas a las autoridades nacionales, así como el tratamiento de esos datos, para la prevención y combate del terrorismo y la delincuencia grave aprobada por el Parlamento y por el Consejo Europeos el 21 de abril de 2016, disponible en: *https://www.boe.es/doue/2016/119/L00132-00149.pdf.*

vechan de las lagunas legislativas para obtener información de las personas y grupos a través de la que los propios ciudadanos se ven obligados a proporcionar al interactuar con sus páginas y plataformas oficiales o con terceros, de aquella que los particulares voluntariamente comparten en redes sociales y de la asociada a la huella digital que éstos dejan en todas sus actividades privadas, e indebidamente la procesa y la utiliza con muy diversos propósitos, desde crear perfiles hasta mantener una vigilancia estrecha sobre ellas, sus familias y sus entornos.

Desviaciones de esta naturaleza y otras análogas, que suponen violaciones claras al principio de legalidad, permanecen ocultas detrás del telón de la opacidad común en ciertos sectores de la administración y, por tanto, sustraídas del control de la jurisdicción contenciosa-administrativa.

A los juicios solo llegan los asuntos situados en la punta del iceberg, que de acuerdo con el principio de definitividad rector de esa jurisdicción, constituyen la manifestación de la voluntad final del órgano administrativo, lo cual pone en evidencia que la justicia especializada en este ramo no está cumpliendo a cabalidad su fin último, que es garantizar que la autoridad administrativa actúe siempre dentro de los cauces de la legalidad.

III. CONCLUSIONES

Los tribunales enfrentan retos serios ante el empuje de las nuevas tecnologías, tanto en su organización y funcionamiento interno como en el desarrollo de su función sustantiva. La tecnología ofrece ventajas en la realización de diversos actos relativos al acceso a la jurisdicción y al desarrollo del proceso, pero no es suficiente para atender las necesidades de una población como la mexicana en donde prevalece una brecha digital importante.

Además, la justicia administrativa encuentra dificultades adicionales en esta época de tecnificación porque ante ella se ventilan conflictos en donde el Estado, auxiliado por la tecnología, realiza acciones que no se encuentran reguladas y que pueden impactar significativamente a las personas administradas.

¿Qué es necesario para que los tribunales contencioso-administrativos continúen ejerciendo el control de la legalidad de la actuación administrativa en esta época de cambios tecnológicos acelerados? Seguramente la respuesta es compleja y el camino para alcanzar ese objetivo es largo.

Sin embargo, quizá el punto de partida de ese camino sea que los operadores jurídicos, a través de la capacitación, obtengamos información precisa y de calidad sobre las transformaciones que estamos viviendo en el mundo del derecho y que tomemos conciencia de la incidencia que tienen en nuestros derechos y en nuestras libertades.

IV. BIBLIOGRAFÍA

Argelich Comelles, Cristina, *Contratos de consumo, derechos reales inmobiliarios, privacidad y responsabilidad civil en el metaverso*, 2023, disponible en: *https://papers.ssrn.com/sol3/papers.cfm?abstract_id=4434577.*

Bathaee, Yavar, "The Artificial Intelligence Black Box and The Failure of Intent and Causation", *Harvard Journal of Law & Technology*, vol. 31, núm. 2, Spring 2018, disponible en: *https://jolt.law.harvard.edu/assets/articlePDFs/v31/The-Artificial-Intelligence-Black-Box-and-the-Failure-of-Intent-and-Causation-Yavar-Bathaee.pdf* (fecha de consulta: 16 octubre de 2023)

Centro de Estudios de Justicia de Las Américas. *El Estado de la Justicia en América Latina bajo el COVID-19 Medidas generales adoptadas y uso de TICs en procesos judiciales*, disponible en: *https://biblioteca.cejamericas.org/bitstream/handle/2015/5648/REPORTECEJA_EstadodelajusticiaenALbajoelCOVID19_20mayo2020.pdf?sequence=5&isAllowed=y*

Centro de Estudios de Justicia de Las Américas, Índice de Servicios Judiciales en Línea ISJL – 2018, disponible en: *https://biblioteca.cejamericas.org/bitstream/handle/2015/5612/Informe%20ISJL%202018%20FINAL.pdf?sequence=1&isAllowed=y*

Centro de Estudios de Justicia de Las Américas y Microsoft, *Perspectivas de Uso e Impactos de las TIC en la Administración de Justicia en América Latina*, Santiago de Chile, 2016, p. 19, disponible en: *https://biblioteca.cejamericas.org/bitstream/handle/2015/3955/Libroblancoe-justicia.pdf?sequence=1&isAllowed=y* (fecha de consulta: 18 de octubre de 2023).

Directiva (UE) 2016/681 Del Parlamento Europeo y del Consejo de 27 de abril de 2016 relativa a la utilización de datos del registro de nombres de los pasajeros (PNR) para la prevención, detección, investigación y enjuiciamiento de los delitos de terrorismo y de la delincuencia grave, disponible en: *https://www.boe.es/doue/2016/119/L00132-00149.pdf*

Innerarity, Daniel, "Justicia algorítmica y autodeterminación deliberativa", *Isegoría. Revista de filosofía moral y política*, núm. 68, enero-junio de 2023, e23, *https://doi.org/10.3989/isegoria.2023.68.23*

Liceda, Liceda, "La identidad Digital ", *Anales*, núm. 41 - Facultad de Ciencias Jurídicas y Sociales. Universidad Nacional de La Plata, Argentina, 2011, disponible en: *http://sedici.unlp.edu.ar/bitstream/handle/10915/20717/Art+23.pdf?sequence=1*

México Evalúa. Centro de Análisis de Políticas Públicas, *Diagnóstico de Implementación de Herramientas Tecnológicas en los Poderes Judiciales en México*, México, 2022, disponible en: *https://www.mexicoevalua.org/wp-content/uploads/2022/02/diagnostico-3feb-ok.pdf*

Segura, Romina Estefania, "Inteligencia artificial y administración de justicia: desafíos derivados del contexto latinoamericano", *Revista Bioética y Derecho*, Barcelona, núm. 58 2023, Epub 25-Sep-2023, versión *on line*, disponible en: *https://dx.doi.org/10.1344/rbd2023.58.40601*

Tribunal de Justicia Administrativa del Estado de Guanajuato, *Informe Anual de Actividades 2022*, disponible en: *https://transparencia.tcagto.gob.mx/wp-content/uploads/2023/01/INFORME_TJA_2022.pdf*

Tribunal de Justicia Administrativa del Estado de Jalisco, *Informe Anual de Actividades 2022*, disponible en: *https://tjajal.gob.mx/files/informes/INFORME_ANUAL_TJAEJ_2022.pdf*

Jurisprudencia

Tesis: 1a. CCCXXXI/2015 (10a.), Bullying escolar. Los centros escolares tienen la carga de la debida diligencia, *Gaceta del Semanario Judicial de la Federación*, Libro 24, noviembre de 2015, t. I, p. 958, registro digital: 2010344.

Tesis: 1a. XXXVII/2021 (10a.), Carga dinámica de la prueba. Supuestos en los que la autoridad jurisdiccional puede excepcionalmente revertir la carga de la prueba, *Gaceta del Semanario Judicial de la Federación,* Libro 5, septiembre de 2021, t. II, p. 1921, registro digital: 2023556.

Tesis: 1a. CCLXXX/2016 (10a.), Comunicaciones privadas. El hecho de que uno de los participantes dé su consentimiento para que un tercero pueda conocer su contenido, no implica una transgresión al derecho fundamental a su inviolabilidad, *Gaceta del Semanario Judicial de la Federación,* Libro 37, diciembre de 2016, t. I, p. 363, registro digital: 2013199,

Tesis: 2a./J. 130/2018 (10a.), Condiciones generales de trabajo. Cuando se encuentran publicadas en medios de consulta electrónica tienen el carácter de hechos notorios y no son objeto de prueba, *Gaceta del Semanario Judicial de la Federación,* Libro 62, enero de 2019, t. I, p. 560, registro digital: 2019001.

Tesis: 1a. CLXXXVII/2006, Conocimientos científicos. Características que deben tener para que puedan ser tomados en cuenta por el juzgador al momento de emitir su fallo, *Semanario Judicial de la Federación y su Gaceta,* t. XXV, marzo de 2007, p. 258, registro digital: 173072.

Tesis: 1a./J. 148/2023 (11a.), Copias de expedientes judiciales certificadas digitalmente. Formalidades que deben observarse para su transmisión en archivo digital por medio de correo electrónico, *Semanario Judicial de la Federación,* Libro 30, octubre de 2023, registro digital: 2027431.

Tesis: 1a./J. 149/2023 (11a.), Copias de expedientes judiciales certificadas digitalmente. Su entrega puede realizarse mediante la transmisión de un archivo digital por correo electrónico, *Semanario Judicial de la Federación,* Libro 30, octubre de 2023, registro digital: 2027432.

Tesis: 1a./J. 147/2023 (11a.), Copias de expedientes judiciales certificadas digitalmente. Su expedición es procedente mediante el uso de la firma electrónica certificada del Poder Judicial de la Federación (firel) de la persona que las coteje, *Semanario Judicial de la Federación,* Libro 30, octubre de 2023, registro digital: 2027433.

Tesis: P./J. 11/2022 (11a.), Demanda de amparo indirecto presentada durante la crisis sanitaria originada por el virus SARS-COV-2 (COVID 19), a través del portal de servicios en línea del Poder Judicial de la Federación. Debe desecharse cuando carece de la firma electrónica del quejoso, salvo que se actualice la

EXCEPCIÓN CONTEMPLADA EN EL ARTÍCULO 109 DE LA LEY DE AMPARO. *Gaceta del Semanario Judicial de la Federación.* Libro 19, Noviembre de 2022, t. I, p. 5, registro digital: 2025488.

Tesis: 1a./J. 142/2023 (11a.), DEMANDAS DE AMPARO PRESENTADAS A TRAVÉS DE LOS SISTEMAS ELECTRÓNICOS DE LOS PODERES JUDICIALES LOCALES. SATISFACEN EL PRINCIPIO DE INSTANCIA DE PARTE AGRAVIADA SI CUENTAN CON EL CERTIFICADO DIGITAL RESPECTIVO, Semanario Judicial de la Federación, Libro 30, octubre de 2023, registro digital: 2027369.

Tesis: 1a. CLIX/2011, DERECHO A LA INVIOLABILIDAD DE LAS COMUNICACIONES PRIVADAS. MOMENTO EN EL CUAL SE CONSIDERA INTERCEPTADO UN CORREO ELECTRÓNICO, *Semanario Judicial de la Federación y su Gaceta,* t. XXXIV, agosto de 2011, p. 218, registro digital: 161339.

Tesis: 1a. CLV/2011, DERECHO A LA INVIOLABILIDAD DE LAS COMUNICACIONES PRIVADAS. SU OBJETO DE PROTECCIÓN INCLUYE LOS DATOS QUE IDENTIFICAN LA COMUNICACIÓN, *Semanario Judicial de la Federación y su Gaceta,* t. XXXIV, Agosto de 2011, p. 221, Registro digital: 161335.

Tesis: 1a. VIII/2021 (10a.), DOCUMENTOS DIGITALIZADOS QUE SE INGRESAN COMO PRUEBAS AL EXPEDIENTE ELECTRÓNICO EN EL JUICIO DE AMPARO. EL ÓRGANO JURISDICCIONAL DEBE CONSIDERARLOS COMO SI SE HUBIERAN PRESENTADO EN SU VERSIÓN FÍSICA, SIN PERJUICIO DE QUE PUEDAN SER OBJETADOS POR LAS PARTES, Y SÓLO EXCEPCIONALMENTE, ANTES DE DEMERITAR SU VALOR PROBATORIO, REQUERIR AL OFERENTE EL DOCUMENTO FUENTE, *Gaceta del Semanario Judicial de la Federación,* Libro 84, marzo de 2021, t. II, p. 1227, Registro digital: 2022826.

Tesis: 1a./J. 94/2022 (11a.), FIRMA ELECTRÓNICA (E.FIRMA) DE LA PERSONA MORAL EXPEDIDA POR EL SERVICIO DE ADMINISTRACIÓN TRIBUTARIA. NO ES VÁLIDA PARA SUSCRIBIR ESCRITOS PRESENTADOS A TRAVÉS DEL PORTAL DE SERVICIOS EN LÍNEA DEL PODER JUDICIAL DE LA FEDERACIÓN, NO OBSTANTE, DEBE PREVENIRSE A LA QUEJOSA PARA QUE LOS RATIFIQUE, *Gaceta del Semanario Judicial de la Federación,* Libro 19, noviembre de 2022, t. II, p. 1489, registro digital: 2025459.

Tesis: 2a. CX/2013 (10a.), PROPORCIONALIDAD TRIBUTARIA. CARGA PROBATORIA, TRATÁNDOSE DE DERECHOS POR SERVICIOS, *Gaceta del Semanario Judicial de la Federación,* Libro 2, Enero de 2014, t. II, p. 1589, Registro digital: 2005254

Tesis: 1a. CCXXVII/2016 (10a.), RESPONSABILIDAD CIVIL EXTRACONTRACTUAL EN MATERIA MÉDICO-SANITARIA. DISTRIBUCIÓN DE LA CARGA DE LA PRUEBA, *Gaceta del Semanario Judicial de la Federación,* Libro 34, septiembre de 2016, t. I, p. 514, registro digital: 2012513.

Tesis: 1a./J. 37/2022 (11a.), VIOLENCIA FAMILIAR. LAS PERSONAS JUZGADORAS DEBEN RECABAR Y ORDENAR LAS PRUEBAS NECESARIAS PARA ESCLARECER LOS HECHOS, CUANDO LA VIOLENCIA INVOLUCRE LOS DERECHOS DE LOS INTEGRANTES DE UN GRUPO VULNERABLE O EXISTA DESIGUALDAD POR RAZÓN DE GÉNERO, *Gaceta del Semanario Judicial de la Federación*, Libro 13, mayo de 2022, t. III, p. 3182, registro digital: 2024635.

La tecnología en el contencioso administrativo. De la impartición de justicia en línea hacia su transformación digital

ALFREDO DELGADILLO LÓPEZ[1]

Para el doctor Luis José Béjar Rivera

SUMARIO: I. *INTRODUCCIÓN*. II. *BRECHA DIGITAL*. III. *IMPARTICIÓN DE JUSTICIA EN LÍNEA*. IV. *NOTAS GENERALES SOBRE LA TELEOLOGÍA DEL CONTENCIOSO ADMINISTRATIVO EN LÍNEA*. V. *TRANSFORMACIÓN DIGITAL DE LA IMPARTICIÓN DE JUSTICIA*. VI. *CONCLUSIONES*. VII. *BIBLIOGRAFÍA*.

I. INTRODUCCIÓN

Para hablar de la impartición de justicia a través de tecnologías hay que partir de dos derechos fundamentales que se encuentran en los artículos 6o. y 17 de la Constitución Política de los Estados Unidos Mexicanos (CPEUM); el primero regula tanto: *a)* el derecho de acceso a las tecnologías de la información y la comunicación, como el derecho de acceso a la Internet; el segundo, *b)* el acceso a la justicia y la tutela judicial efectiva.

---

1 Miembro de la Academia Mexicana de Derecho Informático.

La necesidad de impartir justicia en materia administrativa es más urgente que en cualquier otra rama del derecho en virtud de que es en el contencioso administrativo en donde se combate la juridicidad de los actos de las administraciones públicas, por lo que, cuando no se restituyen de manera pronta sus derechos a las personas que fueron afectadas por la autoridad se incumple con la CPEUM. Coincide el doctor Jiménez Illescas, y agrega que "se propicia en la sociedad una sensación de arbitrariedad e injusticia tanto en los órganos de gobierno como del propio sistema jurisdiccional".[2]

Es decir, la tardía impartición de justicia en materia administrativa provoca cuatro consecuencias graves: 1) no restitución del derecho vulnerado, 2) violación al derecho constitucional de recibir una justicia pronta, 3) desconfianza en las administraciones públicas, y 4) descontento con la impartición de justicia.

En este sentido, con el objetivo de combatir los rezagos y los obstáculos en la impartición de justicia administrativa, así como sus consecuencias, se ha considerado que utilizar a la tecnología puede reducir plazos, hacerla más pronta, transparente, accesible y democrática, por ende, la Ley Federal de Procedimiento Contencioso Administrativo (LFPCA) ha regulado desde hace más de una década en su capítulo X tanto al Sistema de Juicio en Línea como al Juicio en Línea. Sin embargo, aquél se hizo obsoleto y, más que ser una herramienta benéfica para la población, se convirtió en un calvario debido a su lentitud, dificultad al utilizarlo y por su poca compatibilidad con diversos softwares, por lo tanto, fue imperativo actualizarlo con el fin de brindarles un servicio de calidad a los usuarios, garantizar

---

[2] Jiménez Illescas, Juan Manuel, *El juicio en línea. Procedimiento contencioso administrativo federal*, México, Dofiscal, 2009, p. XVI.

tanto su derecho de acceso a la justicia como a la tutela judicial efectiva y cumplir con la teleología del derecho administrativo.[3]

Ahora bien, con el avance de las tecnologías, así como con el incremento de juicios, se ha tornado necesario modernizar cualquier sistema de impartición de justicia. E incluso ir más allá para no hablar más de un sistema de justicia en línea, sino de uno que abarque los fenómenos de la Cuarta Revolución Industrial (inteligencia artificial, justicia algorítmica, robots en la impartición de justicia), los cuales han desencadenado la transformación digital de la impartición de justicia.

Por lo tanto, el objetivo de este trabajo es exponer las diferencias entre la impartición de justicia en línea y la transformación digital de esta, así como enfatizar en la importancia de basarse en la finalidad del derecho administrativo para la implementación exitosa de cualquier tecnología en estos sistemas informáticos.

II. BRECHA DIGITAL

De acuerdo con el jurista informático Guy Mazet, se puede entender por brecha digital cuando los esfuerzos para implementar el desarrollo tecnológico "son escasos debido a factores como pobreza, aislamiento geográfico y acceso limitado a las tecnologías de la información y comunicación".[4]

Ahora bien, la Agenda 2030 para el Desarrollo Sostenible señala que las tecnologías de la información y la comunicación, así como la interconectividad global, tienen un gran potencial

---

3 Delgadillo López, Alfredo, "La teleología del derecho administrativo para el Juicio en Línea 2.0 del Tribunal Federal de Justicia Administrativa", *Praxis de la justicia fiscal y administrativa*, núm. 30, 2021, pp. 26 y 27.

4 Mazet, Guy, *Apuntes sobre las políticas y legislaciones en informática a la luz del derecho administrativo mexicano,* en Matute González, Carlos Fernando (recopilador), México, Tirant lo Blanch, 2021, p. 83.

que permite acelerar el progreso humano, cerrar las brechas digitales y desarrollar sociedades de conocimiento.[5]

No obstante, en México, de acuerdo con el Censo de Población y Vivienda del Instituto Nacional de Estadística y Geografía de 2020, viven 126,014,024 personas, así como con información de la Encuesta Nacional Sobre Disponibilidad y Uso de Tecnologías de la Información en los Hogares de 2022 se indicó que hasta esa fecha había 93.1 millones de personas usuarias de Internet, asimismo, se obtuvo un registró de 93.8 millones de personas usuarias de teléfono celular. De estas cifras, en primer lugar, la mayoría utilizó Internet con el objetivo de comunicarse; en segundo, con fines de entretenimiento; en tercero, para buscar información; en cuarto, con fines educativos; en quinto, con el objeto de comprar en línea y hacer pagos.

Por ende, mientras en México exista una brecha digital hay que considerar que no es posible transitar completamente hacia las herramientas digitales y olvidarnos de la impartición de justicia tradicional. Esta es una de las principales barreras para implementar un sistema de justicia apto en tiempos de esta Cuarta Revolución Industrial.

Sin embargo, en nuestra CPEUM podemos encontrar derechos para combatir la brecha digital; por ejemplo: 1) derecho a no ser discriminado (artículo 1o.), 2) derecho de acceder a las tecnologías (artículo 6o.), 3) derecho de acceso a Internet (artículo 6o.), 4) derecho de acceso a la información (artículo 6o.) y, 5) derecho al desarrollo (artículos 25 y 26).

Ahora bien, con estos derechos constitucionales es posible el acceso a las tecnologías en condiciones de equidad, no vivir en

---

5 Comisión Económica para América Latina y El Caribe (CEPAL), *La Agenda 2030 y los Objetivos de Desarrollo Sostenible Una oportunidad para América Latina y el Caribe*, 2018, *https://repositorio.cepal.org/server/api/core/bitstreams/cb30a4de-7d87-4e79-8e7a-ad5279038718/content*

escenarios arcaicos en el que no se tienen las facilidades y las comodidades de la era digital. Por ejemplo, mejorar la realidad del derecho de acceso a la justicia, así como realizar trámites administrativos con mayor rapidez y tener más comunicación con funcionarios de órganos judiciales. Estos avances deben beneficiar a todas las personas, en este sentido, es necesario adoptar medidas que tengan el objetivo de superar las brechas digitales existentes, es decir, fomentar una alfabetización digital masiva.

En este orden de ideas, tan cierto es que la disminución de la brecha digital es tan fundamental como lo es el no desatender al otro sector de la población, es decir, el que sí tiene acceso a las tecnologías más modernas y costosas. De lo contrario, incumplir con alguno de estos supuestos es inconstitucional, por ende, hay que innovar sin olvidar la igualdad ni la proporcionalidad, y así, disminuir la brecha digital sin entorpecer la innovación tecnológica.

A pesar de que en el artículo 1o. de la CPEUM se menciona que un principio de los derechos fundamentales es que sean universales, ¿por qué no todos tienen acceso a Internet si el derecho de acceso a este es universal? Sin él, no es factible obtener las ventajas de las herramientas digitales.

Sin duda, un objetivo principal del gobierno mexicano debe ser reducir la brecha digital, pues es indispensable que las personas tengan las 24 horas de cada uno de sus días la posibilidad de defender sus derechos vulnerados por la autoridad en el territorio físico y/o en el territorio ciberespacial, y principalmente, tener el control de su expediente y procedimientos al alcance de un solo click.

III. IMPARTICIÓN DE JUSTICIA EN LÍNEA

Es menester explicar que el Tribunal Federal de Justicia Administrativa (TFJA) en sus normativas hace una diferencia entre la impartición de justicia en línea y el sistema informático por donde se realiza la función jurisdiccional, lo cual beneficia y facilita esta tarea, pues se especializa en dicho rubro y la institución que la imparte controla y hace perfectible el sistema para el beneficio de las personas.

En el artículo 1-A, fracción XIII, de la LFPCA se define a la justicia en línea como: "Substanciación y resolución del juicio contencioso administrativo federal en todas sus etapas, así como de los procedimientos previstos en el artículo 58 de esta Ley, a través del Sistema de Justicia en Línea, incluso en los casos en que sea procedente la vía sumaria".

Por su parte, en el Reglamento Interior del Tribunal Federal de Justicia Administrativa (RITFJA) definen no a la justicia en línea, sino al sistema encargado de esta como:

> El sistema informático establecido por el Tribunal a efecto de registrar, controlar, procesar, almacenar, difundir, transmitir, gestionar, administrar y notificar el procedimiento contencioso administrativo que se sustancie ante el Tribunal, al cual se tendrá acceso a través del portal de Internet. Dicho Sistema se integrará por todos los sistemas informáticos y soluciones digitales de comunicación e información que desarrolle el Tribunal [...]

Lo anterior es complementado por el artículo 58-D de la LFPCA, pues señalan más características:

> El Sistema de Justicia en Línea del Tribunal se integrará el Expediente Electrónico, mismo que incluirá todas las promociones, pruebas y otros anexos que presenten las partes, oficios, acuerdos, y resoluciones tanto interlocutorias como definitivas, así como las demás actuaciones que deriven de la substanciación del juicio en línea, garantizando su seguridad, inalterabilidad, autenticidad, integridad y durabilidad, conforme a los lineamientos que expida el Tribunal. En los juicios en línea, la autoridad requerida, desahogará las pruebas testimoniales utilizando el método de videoconferencia, cuando ello sea posible.

En opinión del suscrito, a grandes rasgos, se entiende a la impartición de justicia en línea desde dos ópticas, por una parte, que la función jurisdiccional se realice por medios electrónicos interrelacionados gracias a Internet y a sistemas digitales diseñados por la institución que la imparte, por otra, la posibilidad para que las personas tengan la opción de decidir que una parte o todo el proceso se realice a través de dichos sistemas digitales. En pocas palabras, realizar las etapas del proceso como un espejo de la realidad física.[6]

En México, a nivel federal existen dos juicios en línea: 1) el juicio de amparo en línea del Poder Judicial de la Federación (PJF), y 2) el juicio en línea 2.0 del TFJA. En palabras de la magistrada Adriana Campuzano Gallegos, el juicio de amparo en línea se caracteriza por utilizar "certificados digitales, específicamente la Firma Electrónica Certificada (FIREL) del PJF y la Firma Electrónica (FIEL) del Servicio de Administración Tributaria para diversos trámites",[7] en él es factible "promover demandas de amparo indirecto [...], presentar promociones, consultar el expediente electrónico [...] y notificar por medios electrónicos".[8]

Ahora bien, respecto al juicio en línea 2.0 del TFJA, en los Lineamientos técnicos y formales para la sustanciación del Juicio Contencioso Administrativo en el Sistema de Justicia en Línea Versión 2 se indica que éste se caracteriza por contar con:

> Aplicación Móvil para el Sistema de Justicia en Línea Versión 2, Archivo Digital, Cadena de Validación, Código de Verificación, Contraseña, documento digital, expediente digital, firma electrónica avanzada, asimismo tiene las siguientes funciones: promover el juicio contencioso administrativo; concentrar y resguardar de forma íntegra la información generada y aportada por el usuario durante la sustanciación del juicio contencioso administrativo; registrar, actualizar y/o eliminar datos personales de los usuarios; permitir la consulta digital del estatus procesal del

---

6 Delgadillo López, Alfredo, "La teleología del derecho administrativo para el Juicio en Línea 2.0 del Tribunal Federal de Justicia Administrativa", *cit.*, p. 30.

7 Campuzano Gallegos, Adriana, *Manual para entender el Juicio de Amparo. Teórico – Práctico,* 8a. ed., México, Thomson Reuters, 2022, p. 251.

8 *Ibidem,* p. 252.

> juicio contencioso administrativo; interacción de la aplicación móvil creada por el Tribunal; generar reportes estadísticos y de control; enviar avisos y/o programar alarmas de forma automatizada a solicitud del usuario; ejecución de tareas administrativas que surjan o deriven de la operación del Sistema; incorporar tecnologías auxiliares que faciliten la generación y lectura; apertura de compatibilidad con otros Sistemas jurisdiccionales.[9]

Por su parte, en lo relativo a los Lineamientos técnicos para la sustanciación óptima del Sistema de Justicia en Línea 2.0, se encuentran los siguientes: procesador-1.5 Ghz; memoria ram de 4 gb, explorador de Internet-Edge 564.51, Chrome 4183.102, Mozilla Firefox 564.51, Ópera 66.0; lector de PDF conforme al ISO 32000-1; ancho de banda libre por usuario-20 Mbps; para dispositivos móviles usar la aplicación oficial con Android 9, IOS 12.[10]

Ahora bien, Delgadillo López resume las medidas de ciberseguridad que ha implementado el TFJA para otorgar más certeza jurídica a los usuarios:

> Las medidas de ciberseguridad [...] compatibles para enfrentar los retos de la era digital, pues reúne(n) el nivel de seguridad previsto en las normas ISO 27001, ISO 27017, ISO 2701825. La primera, se ocupa del aseguramiento, la confidencialidad e integridad de los datos y de la información, así como de los sistemas que la procesan; la segunda, se encarga de los controles de seguridad de la información relacionadas con servicios en la nube y le solicita al proveedor de dicho servicio que proporcione información sobre la arquitectura y tecnología empleadas, así como de las medidas implementadas y; la tercera, se enfoca en la privacidad en los servicios de computación en la nube y en evaluar el riesgo e implementar controles para preservar la privacidad. Para proteger más aún a la nube, el TFJA cuenta con un catálogo de controles de cumplimiento de Cloud Computing (C5), Cloud Security Alliance (csa) y el estándar fips 140-226, los cuales son instrumentos que permiten que se cuiden física,

---

9 *https://www.tfja.gob.mx/marco/docs-marco/ltfsjcajlv2.pdf/*

10 *https://www.tfja.gob.mx/pdf/secretaria_general_de_acuerdos/acuerdos_junta_gobierno/2020/E_JGA_41_2020.pdf/*

> lógica e integralmente tanto los datos como cualquier comunicación, al garantizar que únicamente las personas autorizadas puedan obtener la información, asimismo, se ajusta a lo establecido en el Artículo 63 de la Ley General de Protección de Datos Personales en Posesión de Sujetos Obligados.[11]

Hay dos problemas serios en la operación de la justicia en línea: 1) la situación actual del derecho al acceso a Internet y, 2) la escasa educación digital. Combatirlos exitosamente facilitará la implementación de un sistema amigable y el desarrollo de lo relativo a ciberseguridad. Por lo tanto, el suscrito considera que los retos más relevantes para que cualquier modelo de sistema de justicia en línea tenga una aceptable y favorable razón de existir es, en primer lugar, dirigir más recursos económicos hacia el diseño y ejecución de una política pública en la que se fije como objetivo principal hacer que las instalaciones como antenas, cables, postes de luz, banda ancha, órbitas satelitales y el espectro radioeléctrico permitan contar con un Internet rápido en todas las regiones, verbigracia: zonas rurales y lugares recónditos.[12] El segundo desafío es que el órgano jurisdiccional implemente un sistema casi impenetrable a los ciberataques y que, además, sea fácil de utilizar para todas las partes.[13]

Hay que destacar, concomitante con los cambios informáticos y jurídicos que se tengan que realizar, que conviene capacitar a los integrantes de los órganos jurisdiccionales en la protección y garantía de derechos fundamentales compatibles con la era digital. De nada servirá tener algún novedoso sistema de impartición de justicia en línea si, por una parte, estos carecen

---

11 Delgadillo López, Alfredo, "La teleología del derecho administrativo para el Juicio en Línea 2.0 del Tribunal Federal de Justicia Administrativa", *cit.*, p. 36.

12 *Ibidem*, pp. 30 y 31.

13 *Idem.*

de las destrezas para su correcta aplicación y, por otra, los usuarios navegan en un sistema sinuoso.[14]

IV. NOTAS GENERALES SOBRE LA TELEOLOGÍA DEL CONTENCIOSO ADMINISTRATIVO EN LÍNEA

En opinión del autor de este trabajo, la finalidad del derecho administrativo debe ser una pauta para orientar cualquier actividad de los involucrados en la impartición de justicia administrativa, ya sea tradicional o por medios digitales.

Así, con el objetivo de describir cuál es la finalidad del derecho administrativo y poder responder ¿para qué sirve esta rama del derecho?, es necesario estudiar las reflexiones que presenta el doctor Béjar Rivera, quien escribe dos puntos ilustradores:

> 1. El Derecho Administrativo tiene un fin consistente en la tutela del Bien Común y la promoción de los derechos fundamentales, entendiendo la razón de ser de un balance entre el ejercicio del poder público, y el Bien Común y los derechos fundamentales;[15].
>
> 2. El Derecho Administrativo es en sí, la rama del Derecho Público que consagra las reglas sometidas a la ley y al derecho, con el fin de que la Administración Pública tutele el interés personal en su dimensión colectiva, es decir, el Bien común, y en concordancia en todo momento, no solo con la tutela, sino también con la promoción de los derechos fundamentales.[16]

Para cerrar este apartado, es preciso comentar que el derecho administrativo es una rama del derecho público que únicamente puede existir en un Estado de derecho porque las relaciones jurí-

---

14 *Ídem.*

15 Béjar Rivera, Luis José, *Fundamentos de derecho administrativo. Objeto, historia, fuentes y principios*, México, Tirant lo Blanch, 2012, p. 36.

16 Ídem.

dicas que rigen a los particulares no pueden aplicar en el mismo sentido a las relaciones entre estos y las administraciones públicas, debido a que las partes poseen diversas naturalezas y necesitan a un juez especializado que decida imparcialmente sobre temas esencialmente benéficos para lo público, como el interés general, con el objetivo de combatir arbitrariedades y se desarrolle una buena administración que respete derechos fundamentales y afronte los retos de la globalización y, actualmente, la era digital.

Por lo tanto, esta disciplina estudia: 1) la estructura y actividad administrativa del Estado; 2) sus principios y normas que la regulan y, 3) las relaciones entre Estado, servidores públicos y ciudadanos. Por ende, al tener a la teleología como un pilar, el derecho administrativo tendrá vigencia y será útil para enfrentar los desafíos de esta Cuarta Revolución Industrial.

La finalidad del derecho administrativo siempre es la misma; sin embargo, es un problema para las personas y para cumplir con el derecho a la buena administración que se hable de manera esporádica sobre la teleología porque se va oscureciendo hasta perderse el sentido de esta disciplina. Sin este elemento, cualquier sistema de justicia en línea de lo contencioso administrativo no tendría razón de ser.

Así, la impartición de justicia en línea en el contencioso administrativo es distinta a la judicial, pues al estudiar la teleología del derecho administrativo, se entiende que debe ser un procedimiento completamente fácil de tramitar, sin obstáculos, transparente, más protector, con el fin de que sirva como una herramienta más a las personas para combatir arbitrariedades de las administraciones públicas, y se le complemente o apoye al ciudadano en el proceso cuando exista alguna deficiencia técnica jurídica o informática las 24 horas del día en los 7 días de la semana.

En este sentido, hay que utilizar a la tecnología adecuada a manera de herramienta ambivalente: *a)* con el objetivo de que las personas participen con mayor facilidad en el proceso judicial que va a restituir sus derechos vulnerados por la autoridad y *b)* que los funcionarios de los sistemas de justicia administrativa cumplan más rápido con sus obligaciones. Coincide el profesor Jiménez Illescas, quien destaca la importancia de la naturaleza del contencioso administrativo, pues escribe que "tiene una tarea primordial en el objetivo de lograr un verdadero Estado de Derecho [...] por lo que su actitud ante los cambios y avances modernos, así como su decisión de aprovecharlos, sin duda se reflejarán en mayores y mejores logros que contribuirán [...] a mantener la paz social".[17]

Asimismo, sumando elementos de la importancia de la justicia administrativa, es menester remitirse a Adolf Merkl, quien explica que esta debe ser positiva, es decir, "cuando la sentencia no solo revoca el acto combatido sino que resuelve en su lugar",[18] además concluye que esa sentencia ya no corresponde a ninguna autoridad, sino al tribunal.[19] Por lo tanto, es fundamental que en esta materia las personas tengan más herramientas para enfrentarse a las arbitrariedades de la autoridad y, como se dijo en la introducción de este trabajo, evitar las cuatro consecuencias graves: 1) no restitución del derecho vulnerado, 2) violación al derecho constitucional de recibir una justicia pronta, 3) desconfianza en las administraciones públicas y 4) descontento con la impartición de justicia.

Ahora bien, el filósofo Santo Tomás de Aquino, explica en su obra *Suma contra los gentiles* la importancia de estudiar a la teleología:

> El fin último de cada uno de los seres es el intentado por su primer motor. Y el primer motor del universo, es el entendimiento. El último fin del universo es, pues, el bien del entendimiento, que es la verdad. Es razonable, en consecuencia, que la verdad sea el último fin del universo y que la sabiduría tenga como deber principal su estudio.[20]

---

17 Jiménez Illescas, Juan Manuel, *op. cit*, p. 114.

18 Merkl, Adolf, *Teoría general del derecho administrativo*, México, Coyoacán, 2014, p. 504.

19 *Idem.*

20 Santo Tomás de Aquino, *Suma contra los gentiles*, Gredos, pp. 3 y 4.,

En un intento de parafrasear a lo expuesto por Santo Tomás de Aquino en el párrafo que antecede, es posible decir que el interés general es el último fin de las personas y los iusadministrativistas tienen como deber principal su estudio. Incluso es viable ir más allá y concluir que en un Estado de derecho, el fin último de cada una de las personas es el intentado por quien les permite hacer realidad su nacimiento y convivencia, que es el derecho administrativo. Por lo tanto, el último fin de todas las personas es, pues, contar con un derecho administrativo, que es el que realiza el interés general. En consecuencia, el interés general es el último fin de los administrados y, los ius administrativistas tienen como deber principal su estudio. Por lo tanto, lo anterior sería imposible si la impartición de justicia en materia administrativa es lenta, deficiente, compleja, ficticia y no nace para satisfacer el interés general.

En fin, como explicó Delgadillo López, la tecnología tiene las siguientes características: "nace del ser humano con el fin de satisfacer sus necesidades, tanto en lo individual como en lo colectivo",[21] asimismo, es indispensable que "no pierda su sentido auténtico de servir a la sociedad para mejorar las condiciones de vida y desarrollo",[22] las cuales son idénticas a las finalidades del derecho administrativo. En este sentido, al momento de crear, diseñar y ejecutar un sistema de impartición de justicia mediante herramientas digitales es necesario considerar que "a mayor desarrollo de tecnología más amplia es la esfera de derechos y, por lo tanto, también la de obligaciones".[23]

---

21 Delgadillo López, Alfredo, "Los derechos constitucionales en México en tiempos de Cuarta Revolución Industrial, en Delgadillo López, Alfredo (coord.), *Diálogos en DH (11). Tecnologías de la Información y Comunicación,* México, CODHEM, 2022, p. 28.

22 *Idem.*

23 *Idem.*

En conclusión, para el beneficio del interés general y con el objetivo de combatir arbitrariedades, es mejor tener tanto a la herramienta tradicional como a la ciberespacial que solamente contar con una de ellas.

V. TRANSFORMACIÓN DIGITAL DE LA IMPARTICIÓN DE JUSTICIA

Ahora bien, a diferencia de la impartición de justicia en línea, hablar de la transformación digital de esta abarca escenarios que ya no son utópicos, como la justicia algorítmica, el uso de tribunales para conflictos generados por Internet, uso de algoritmos en la elección de los operadores de justicia e, incluso, utilizar robots de apoyo en la función jurisdiccional. Lo más destacado es hablar de inteligencia artificial (IA) en la impartición de justicia.

La IA tiene como elemento primordial al algoritmo, es decir, para que aquella funcione es necesario una recopilación de datos de acuerdo con una finalidad determinada, posteriormente, diseñar algoritmos que permitan poner en marcha la IA encaminada a una decisión determinada. Ahora bien, según Guy Mazet, "el algoritmo es [...] un conjunto de reglas lógicas generadas, a partir de datos, que son escritas por humanos y son enseguida aplicadas de manera automatizada".[24]

En este sentido, agrega el profesor Guy Mazet que, con el acelerado uso de algoritmos y su perfeccionamiento se ha transitado hacia una IA que ha avanzado al grado de razonar, "pasamos de un mundo de programación hacia un mundo de aprendizaje",[25] en el primero solamente se ejecutan las instrucciones que per-

---

24 Mazet, Guy, Apuntes sobre las políticas y legislaciones en informática a la luz del derecho administrativo mexicano, en Matute González, Carlos Fernando (recopilador), *cit.*, p. 266.

25 *Ibidem*, p. 83.

miten llegar al objetivo para el cual esa tecnología se creó, en el segundo se enseña constantemente y de manera automatizada al sistema de IA a pensar.[26] Por ende, concluye el profesor Mazet que "la IA, en términos generales, es un dispositivo informático dotado de una capacidad de autonomía".[27]

Por su parte, la jurista Adriana Campuzano Gallegos considera que la IA

> es un sistema basado en máquinas que puede, para un conjunto determinado de objetivos definidos por el ser humano, hacer predicciones, recomendaciones o decisiones que influyen en entornos reales o virtuales [...] se refiere a la posibilidad de que sistemas no humanos imiten y reproduzcan los procesos que están presentes en la inteligencia humana.[28]

Por otra parte, explicó el ingeniero y abogado Iván Díaz González en el "Segundo Seminario Derecho Administrativo en la Cuarta Revolución Industrial", celebrado en el Instituto de Investigaciones Jurídicas de la UNAM, que la IA es

> Un conjunto de sistemas de software (y posiblemente también de hardware) diseñados por humanos que actúan en la dimensión física o digital al percibir su entorno a través de la adquisición de datos, interpretación de los datos recopilados, realizando un razonamiento sobre el conocimiento o el procesamiento de la información derivado de estos datos que tiene el fin de decidir las mejores acciones para lograr el objetivo dado.[29]

En esta tesitura, respecto a las oportunidades que presenta la tecnología para mejorar el sistema de impartición de justicia, hay

---

26 *Idem.*

27 *Idem.*

28 Campuzano Gallegos, Adriana, *Inteligencia Artificial para abogados. Ya es tiempo...*, México, Thomson Reuters, 2019, pp. 10 y 11.

29 Díaz González, Iván, "Inteligencia artificial y derecho administrativo", en *Segundo Seminario Derecho Administrativo en la Cuarta Revolución Industrial*, Universidad Nacional Autónoma de México, 2023.

que considerar las cargas de los juzgados y la similitud de casos, hechos y sentencias y, así, encontrar y utilizar el sistema de IA adecuado, para ello, la magistrada Campuzano Gallegos explica que

> Es preciso reconocer que en el proceso y en el dictado de las sentencias, los operadores judiciales incurrimos frecuentemente [...] en automatismos, pues el volumen de asuntos permite que de manera inconsciente establezcamos analogías o paralelismos entre expedientes, al punto en que simplificamos peligrosamente la solución de las controversias a partir de la identificación de unos cuantos elementos que aparezcan como constantes en asuntos de la misma materia o especialización.[30]

En este orden de ideas, el abogado digital Joel Gómez enfatiza en la oportunidad para los juristas de utilizar a las tecnologías solamente como herramientas que realizan tareas rutinarias y monótonas, mismas que no requieren de raciocinio jurídico, con el fin de que permitan enfocarse en lo que es realmente la adecuada y óptima prestación de servicios jurídicos:

> El objetivo de la inteligencia artificial en este campo no es cambiar la naturaleza del trabajo legal o reemplazar a los abogados humanos, sino permitir que éstos se concentren en tareas más cognitivas, tales como: desarrollar argumentos legales, en lugar de pasar largos periodos en tareas rutinarias como redactar y revisar documentos; ampliar la investigación de archivos de casos.[31]

Ahora bien, con el objetivo de tener una referencia de lo que sucede en otros países con la IA en la impartición de justicia, Campuzano Gallegos enlista diversos sistemas:

---

[30] Campuzano Gallegos, Adriana, *Inteligencia Artificial para abogados. Ya es tiempo..., cit.*, p. 162.

[31] Gomez Treviño, Joel, "Legal Tech, Reg Tech e inteligencia artificial: La tecnología al servicio del Derecho", *Abogado Corporativo ANADE*, septiembre - octubre 2018, disponible en: *https://joelgomez.abogado.digital/wp-content/uploads/2019/09/Legal-Tech_AC67_ENVIO.pdf*

> PROMETEA en Argentina: examina la información del expediente, la analiza considerando ciertos patrones que descubre a partir del examen de 1 400 dictámenes, realiza algunas preguntas al operador y emite su respuesta. PROMETA en la Comisión Interamericana de Derechos Humanos: busca precedentes, actúa como traductor, participa en la resolución de fondo de asistencia legal a las víctimas. VÍCTOR en Brasil: lee todos los recursos extraordinarios e identifica cuáles están vinculados con temas de repercusión general. JUZGADOS VIRTUALES en China: se especializan en conflictos derivados de internet, comercio electrónico, privacidad y nombres de dominio. ROBOJUEZ en Estonia: un proyecto que se basa en el aprendizaje automatizado que planea resolver en primera instancia asuntos en donde se hagan reclamaciones de hasta 7 000 euros.[32]

En la actualidad hay decisiones judiciales que se basan en algoritmos, los cuales, al ser diseñados por seres humanos, nacen con los prejuicios del creador. Asimismo, la IA que se utiliza funciona con datos personales, por lo que todo lo expresado debe de estar protegido con los más altos estándares que garanticen la ciberseguridad. En este sentido, como la IA funciona con datos y estadísticas, las personas pueden negarse a compartirlos por querer que se les respete su intimidad y para no ser objeto de decisiones automatizadas. Es por ello que en la impartición de justicia se ha encontrado resistencia al uso de IA.

Por lo tanto, para aplicar IA en la impartición de justicia administrativa es indispensable considerar los siguientes puntos:

1) Al ser el derecho una ciencia social es evidente que si se transforma la sociedad con el uso de tecnologías —como la IA— también lo hace éste, por lo que sería ilógico no aplicar su convergencia. Estamos en todo momento vinculados: población, derecho, gobierno y tecnología.

---

32 Campuzano Gallegos, Adriana, *Inteligencia Artificial para abogados. Ya es tiempo..., cit.*, pp. 170, 171 y 172.

2) Hay dos caras en el tema de IA y derechos humanos, primeramente, se hace referencia de lo malo. Hay sesgos que se pueden presentar al momento de utilizar y desarrollar tecnología, lo cual vulnera el derecho a no ser discriminado y se incrementan las brechas digitales. Por otra parte, la IA es una herramienta que permite a las personas realizar sus actividades con mayor facilidad, comodidad y rapidez, así como potenciar el acceso y velocidad del derecho humano a la tutela judicial efectiva.
3) Regular la creación, desarrollo y uso de la IA que avanza a la velocidad de la luz es imposible si no partimos de los principios del derecho público, pues es fundamental tener como objetivo privilegiar el respeto de los derechos humanos por encima de la consecución de un resultado previamente determinado por los creadores de tecnología.[33]
4) En el mismo sentido, que exista transparencia y facilidades de participación para las personas en el nacimiento y la forma de utilizar sus datos, mismos que son el combustible de la IA. Además, que se garantice la protección de los mismos con lineamientos técnicos y legislación que proteja el derecho humano a la seguridad de la información.
5) La única opción es regular a partir de principios de derecho público en convergencia con los principios de Internet, porque la tecnología siempre estará más adelantada que cualquier legislación.
6) La IA solamente tiene que ser una herramienta que permita y facilite llegar a un fin, no tiene que ser el fin en sí mismo,

[33] Matute González, Carlos, "La inteligencia artificial algorítmica, la democracia y los derechos humanos" en, *La Crónica*, 2023, disponible en: *https://www.cronica.com.mx/opinion/inteligencia-artificial-algoritmica-democracia-derechos-humanos.html?fbclid=IwAR3AtIZ5qhivCHuYvHrhIhTJ1VVRmA0FyVCO8bfYiQWloPpEDWB8Qf6Nl5Q*

es decir, es un medio para cumplir con impartir justicia de manera más rápida y con una sentencia de calidad, fundada y motivada a la luz de la dignidad humana y el interés general; no una decisión automatizada que no transparente su juicio, no funde y motive adecuadamente y que no sea verificada en última instancia por un juzgador humano.

Ahora bien, de acuerdo con el Índice de Preparación Gubernamental para la Inteligencia Artificial de Oxford Insights 2021, el gobierno mexicano se encuentra en el lugar número 60 de 160 países evaluados; en el séptimo de países de América y en el quinto de Latinoamérica. Tiene una buena calificación por su infraestructura digital y las políticas de datos abiertos, pero se encuentra reprobado en las áreas de habilidades tecnológicas, digitalización y la innovación en el sector público.[34] Por lo tanto, si se tiene como objetivo el uso de IA en la impartición de justicia, es menester contar con profesionales en el manejo científico de datos, incluso ya hay universidades que cuentan con programas de grado o posgrado sobre Ciencia de Datos, por lo que, en temas de justicia administrativa, es menester enfocar esta área del conocimiento en temas de derecho público. En palabras de Guz Mazet, "la profesionalización del manejo científico de datos dentro del servicio público mitiga los riesgos [...] y la capacitación adicional en análisis de datos contribuye a la transparencia y tratamiento ético de los mismos".[35]

Primero, se tiene que trazar una política pública con el fin de digitalizar los sistemas de impartición de justicia administrativa en el

---

[34] Oxford Insights, "Government AI Readiness Index 2021", 2021, disponible en: *https://static1.squarespace.com/static/58b2e92c1e5b6c828058484e/t/61ead0752e7529590e98d35f/1642778757117/Government_AI_Readiness_21.pdf*

[35] Mazet, Guy, Apuntes sobre las políticas y legislaciones en informática a la luz del derecho administrativo mexicano, en Matute González, Carlos Fernando (recopilador), *cit.*, p. 292.

país, luego ejecutarla y tener a todos digitalizados, posteriormente, una política pública para implementar el uso de IA en la administración de justicia y, por último, ejecutarla e implementarla.

En fin, en el mundo se habla de implementación de IA en la impartición de justicia o de la aplicación de esta, mientras que en México se hace un esfuerzo por digitalizar al país.

VI. CONCLUSIONES

La transformación digital de la administración de justicia tiene que provocar que la impartición de justicia sea más rápida y transparente, más en un contencioso administrativo por la naturaleza de su materia.

Es indispensable que la creación y uso de tecnología en la impartición de justicia administrativa no pierda su sentido auténtico: servir al interés general mejorando las condiciones de vida y de desarrollo de las personas siendo un "medio" para la vida humana, no un "fin".

Si el juzgador solamente es boca de la ley, sí es útil la implementación de IA para elaborar sentencias y que los juzgadores se conviertan en softwares; sin embargo, si el objetivo es tener juzgadores que defiendan a las personas contras las arbitrariedades de la autoridad, estos tienen que interpretar, ajustar y aplicar el derecho (ciencia social, no exacta) y contar con la IA (ciencia exacta) únicamente como herramienta que les permita resolver los juicios con mayor velocidad sin sacrificar la calidad y humanidad de las sentencias.

El ser humano tanto en lo individual como en lo colectivo no puede ser predecible en todas las actividades de su vida, pues hay un punto donde rompe la regla de su comportamiento ordinario en un momento inimaginable, y mientras sea así, la IA nunca puede ser la que participe en última instancia en los juicios. Por lo tanto, es clave que la IA que se utilizará en el contencioso administrativo surja del *big data* (limitado por los derechos humanos) con el fin de ser lo más precisa posible ante algo tan impreciso, como las conductas humanas.

La realidad es que en el país hay una brecha digital que trae como consecuencia sistemas electrónicos obsoletos, analfabetas digitales (funcionarios y ciudadanos) y un utópico derecho al acceso universal a Internet, pero eso no es problema de ningún juzgado de lo contencioso administrativo. Lo que sí ocupa a este órgano es, primero, enterarse de lo anterior y, segundo, implementar y desarrollar un sistema de justicia en línea que surja de la finalidad del derecho administrativo para que las personas tengan una alternativa más que sea accesible en la defensa de sus derechos frente a la actuación de los poderes públicos.

En muy poco tiempo la impartición de justicia en línea será una anécdota cuando hablemos exclusivamente de la transformación digital de esta. De hecho, ya nos estamos tardando. ¡Atentos! ¡Que no nos vuelva a revolcar tan violentamente la tecnología!

VII. BIBLIOGRAFÍA

Libros y revistas científicas y/o académicas

Béjar Rivera, Luis José, *Fundamentos de derecho administrativo. Objeto, historia, fuentes y principios,* México, Tirant lo Blanch, 2012

Campuzano Gallegos, Adriana, *Inteligencia artificial para abogados. Ya es tiempo...*, México, Thomson Reuters, 2019.

Campuzano Gallegos, Adriana, *Manual para entender el Juicio de Amparo. Teórico - Práctico* 8a. ed., México, Thomson Reuters, 2022.

Delgadillo López, Alfredo, "Los derechos constitucionales en México en tiempos de Cuarta Revolución Industrial, en Delgadillo López, Alfredo (coord.), *Diálogos en DH (11). Tecnologías de la Información y Comunicación,* México, CODHEM, 2022.

Delgadillo López, Alfredo, "La teleología del derecho administrativo para el Juicio en Línea 2.0 del Tribunal Federal de Justicia Administrativa", *Praxis de la justicia fiscal y administrativa*, núm. 30, 2021, disponible en: *https://www.tfja.gob.mx/investigaciones/rev30.html*

Jiménez Illescas, Juan Manuel, *El Juicio en Línea. Procedimiento Contencioso Administrativo Federal*, México, Dofiscal, 2009.

Mazet, Guy, *Apuntes sobre las políticas y legislaciones en informática a la luz del derecho administrativo mexicano*, en Matute González, Carlos Fernando (recopilador), México, Tirant lo Blanch, 2021.

Merkl, Adolf, *Teoría general del derecho administrativo*, México, Coyoacán, 2014.

Oxford Insights, "Government AI Readiness Index 2021", 2021, disponible en: *https://static1.squarespace.com/static/58b2e92c1e5b6c828058484e/t/61ead0752e7529590e98d35f/1642778757117/Government_AI_Readiness_21.pdf*

Santo Tomás de Aquino, *Suma contra los gentiles*, Gredos.

Formales y oficiales

Agenda 2030 y los Objetivos de Desarrollo Sostenible Una oportunidad para América Latina y el Caribe.

Constitución Política de los Estados Unidos Mexicanos.

Instituto Nacional de Estadística y Geografía.

Ley Federal del Procedimiento Contencioso Administrativo.

Lineamientos técnicos y formales para la sustanciación del Juicio Contencioso Administrativo en el Sistema de Justicia en Línea Versión 2.

Reglamento Interior del Tribunal Federal de Justicia Administrativa.

Videos

Díaz González, Iván, "Inteligencia Artificial y Derecho Administrativo", en *Segundo Seminario Derecho Administrativo en la Cuarta Revolución Industrial*, Universidad Nacional Autónoma de México, 2023, disponible en: *https://www.juridicas.unam.mx/actividades-academicas/3147-segundo-seminario-derecho-administrativo-en-la-cuarta-revolucion-industrial*

Diarios y revistas

Gomez Treviño, Joel Legal, "Tech, Reg Tech e inteligencia artificial: La tecnología al servicio del Derecho", *Abogado Corporativo ANADE*, septiembre - octubre 2018, disponible en: *https://joelgomez.abogado.digital/wp-content/uploads/2019/09/Legal-Tech_AC67_ENVIO.pdf*

Matute González, Carlos, "La inteligencia artificial algorítmica, la democracia y los derechos humanos", *La Crónica*, 2023, disponible en: *https://www.cronica.com.mx/opinion/inteligencia-artificial-algoritmica-democracia-derechos-humanos.html?fbclid=IwAR3AtIZ5qhivCHuYvHrhIhTJ1VVRmA0FyVCO8bfYiQWloPpEDWB8Qf6Nl5Q*

Algunas reflexiones sobre las implicaciones jurídicas del metaverso

VANESSA DÍAZ RODRÍGUEZ[1]

SUMARIO: I. *INTRODUCCIÓN*. II. *EL METAVERSO*. III. *TIPOS DE METAVERSOS*. IV. *IMPORTANCIA DE LA IDENTIDAD ÚNICA*. V. *IMPLICACIONES JURÍDICAS*. VI. *CONCLUSIONES*. VII. *BIBLIOHEMEROGRAFÍA*.

I. INTRODUCCIÓN

El gran avance tecnológico ha popularizado muchas tecnologías y ha perfeccionado otras que van emergiendo. Sin embargo, las novelas de ciencia ficción han servido como escenarios ideales para crear prototipos de diversas tecnologías, como lo es la novela de Snow Crash, publicada en 1992, en donde el término o la palabra "metaverso" fue acuñada por Neal Stephenson.[2] El metaverso desde una perspectiva genérica es una plataforma que conjunta varias tecnologías que potencializan las experiencias de las personas usuarias.

---

1 Doctorado en Derecho por la Universidad de Tasmania. Actualmente se desempeña como oficial operativo adscrita a la ponencia de la ministra Ana Margarita Ríos Farjat, *vdiazr@scjn.gob.mx* ORCID: *https://orcid.org/0000-0002-7186-8785*

2 Autor de ciencia ficción que utiliza las tecnologías como base de sus obras, disponible en: *https://www.nealstephenson.com/* (fecha de consulta: 31 de octubre de 2023).

Pero, requiere abordarlo desde la perspectiva del Internet del Todo (IoE, por sus siglas en inglés), que va más allá del concepto tradicional del Internet de las Cosas (IoT, por sus siglas en inglés). Este concepto fue impulsado por CISCO señalando la importancia de "la conexión inteligente de personas, procesos, datos y cosas".[3] En este mismo sentido, el metaverso requiere inteligencia artificial, realidad virtual, realidad aumentada, entre otras, para comprender su funcionamiento.

Por lo que, se trata de la conjunción y actualización de la tecnología de Internet con la que llevamos conviviendo más de 20 años; es decir, si a la Internet le sumamos inteligencia artificial,[4] inmediatez en la comunicación, bases de datos distribuidas, geolocalización, realidad virtual, realidad aumentada y mixta,[5] redes sociales, identidad digital, avatares, criptodivisas, *blockchain*, y red móvil 5G, tenemos un entorno en línea inmersivo, tridimensional, virtual y multiusuario también conocido como metaverso.[6]

---

3 Colaborador de TechTarget, "Internet del Todo (IoE)", *ComputerWeekly*, febrero de 2017, disponible en: *https://www.computerweekly.com/es/definicion/Internet-de-todo-IoE* (fecha de consulta: 31 de octubre de 2023).

4 Díaz, J., Saldaña, C. y Ávila, C. "Virtual world as a resource for hybrid education", *International Journal of Emerging Technologies in Learning (iJET)*, 2020, núm. 15, vol. 15, pp. 94-109.

5 Schaf, F. M. *et al.*, "3D AutoSysLab Prototype-A Social, Immersive and Mixed Reality Approach for Collaborative Learning Environments". *Proceedings of the IEEE International Conference EDUCON*, 2012, pp. 1161-1169.

6 Di Natale, A. F. *et al.*, "Immersive virtual reality in K-12 and higher education: A 10-year systematic review of empirical research", *British Journal of Educational Technology*, 2020, núm. 51 vol. 6, pp. 2006-2033; Jin, S. A. A., "Leveraging avatars in 3D virtual environments (Second Life) for interactive learning: The moderating role of the behavioral activation system vs. behavioral inhibition system and the mediating role of enjoyment", *Interactive Learning Environments*, 2011, núm. 19, vol. 5, pp. 467-486.

Cabe señalar que el primer sector que utilizo el metaverso fue el pedagógico, hace unas décadas se consideraba un espacio virtual para la socialización en el mundo real en el que las y los alumnos utilizaban avatares o identidades reales e interactuaban con los demás.[7] Hoy en día, es un mundo virtual en el que se puede interactuar identificando a las personas usuarias, se pueden realizar transacciones, tanto virtuales como reales, en tiempo real y con valores económicos reales o virtuales.

El objetivo de este trabajo es reflexionar sobre varias implicaciones jurídicas del metaverso. Para ello, debemos explorar las principales características de nuestro objeto de estudio; abordar los diferentes tipos de metaverso con sus singularidades o peculiaridades; para resaltar en el tema de la identidad única como elemento toral de esta tecnología y, finalmente, aportar conclusiones.

II. EL METAVERSO

Por cuestiones metodológicas debemos aclarar que el término "metaverso" se popularizó cuando una de las redes sociales más grandes anunció su cambio de nombre por Meta;[8] lo que generó que el término se aplicara de manera indistinta para hacer referencia a una gran diversidad de plataformas con características para crear un ambiente inmersivo, tridimensional, virtual y multiusuario en las que se pueden realizar actividades de toda índole. Desde el esparcimiento (actividades sociocultura-

---

7 Schlemmer, E. *et al.*, "The metaverse: Telepresence in 3D avatar-driven digital-virtual worlds", *@ tic. revista d'innovació educativa,* 2009, s. n., vol. 2, pp. 26-32.

8 Mark Zuckerberg anunció que Facebook cambió su nombre a Meta en 2021. Bloomberg Intelligence Research, "Metaverse may be $800 billion market, next tech platform", *Bloomberg,* 2021, disponible en: *https://www.bloomberg.com/professional/blog/metaverse-may-be-800-billion-market-next-tech-platform/* (fecha de consulta: 27 de octubre de 2023).

les, videojuegos, e-sport, descanso) hasta actividades mercantiles (transacciones comerciales, compra y venta de propiedades, actividades bursátiles), pasando por la interacción educativa.

Además, la pandemia de COVID-19 aceleró la implementación de diversas tecnologías emergentes en el mundo de Internet.[9] Con ello, se transformaron los entornos de redes sociales ofreciendo una experiencia virtual incorporada en la que las personas usuarias se involucren no solo con diversas tecnologías.

Las tecnologías digitales proporcionan la posibilidad de visualizar conceptos, comunicarse a través de identidades digitales de avatares e interactuar en diferentes plataformas. De ahí que, se considere al metaverso como plataforma de interacción social entre las personas utilizando una combinación de tecnologías digitales, pero una plataforma social con un ambiente apoyado en tecnologías de simulación e inteligencia artificial, en donde se puedan realizar recorridos y visitas creando una experiencia auténtica a través de avatares.[10]

Otra de las características innovadoras es la creación de un mundo virtual que puede tener un impacto en el mundo físico. Precisamente, esta peculiar característica que genera una interacción artificial simbiótica entre el mundo físico y el mundo virtual es, quizá, donde se exponen situaciones jurídicas no contempladas en las tradicionales normas jurídicas y, que requieren de una legislación dual específica del metaverso.

---

9 Henriksen, D. *et al.*, "Folk pedagogies for teacher transitions: Approaches to synchronous online learning in the wake of COVID-19", *Journal of Technology and Teacher Education*, 2020, núm. 28, vol. 2, pp. 201-209. *https://www.learntechlib.org/primary/p/216179* (fecha de consulta: 27 de octubre de 2023).

10 Reyes, C., "Perception of high school students about using Metaverse in augmented reality learning experiences in mathematics", *Pixel Bit Revista de Revista de Medios y Educación*, 2020, núm. 58, pp. 143-159.

El metaverso plantea un desafío jurídico importante en dos sentidos; por un lado, su alcance en los diferentes campos del mundo real y, por el otro, en la falta de definiciones jurídicas de diversos conceptos que conforman ese mundo inmersivo, tridimensional y virtual. La protección jurídica en el metaverso debe ser equivalente a la que se encuentra en nuestra realidad física, y debe tener una aplicación extensiva y transversal; es decir, que el impacto jurídico debe ser directo entre ambas realidades, una controlada por el Estado y otra por diversas entidades privadas. Se debe tener presente que la protección jurídica es necesaria en cualquier ámbito social; más tratándose de un espacio como es el metaverso, en el que logran converger el mundo real y virtual a través de las personas usuarias.

Pero, antes de seguir analizando el mundo del metaverso hay que definir jurídicamente a nuestro objeto de estudio; recordemos que es una infraestructura de *hardware* y *software* que utiliza una red inteligente y sistemas de diferentes tecnologías para transformar la realidad natural en un entorno virtual. El metaverso recopila y genera datos (personales) estáticos y dinámicos en tiempo real para cada persona usuaria conectada, ofreciendo una recreación completa de la realidad física que se almacena en sus parámetros de forma individualizada. Las personas usuarias pueden interactuar con más usuarios e inteligencias artificiales sin limitaciones.

Los gobiernos deben adaptarse a una realidad emergente que puede amenazar el Estado de derecho actual. Esta realidad se refiere a la creciente presencia de entidades estatales autosuficientes o autárquicas[11] que, aunque parecen ser exclu-

---

[11] Es un sistema económico adoptado generalmente por países que intentan ser autosuficientes, comercializando solo lo necesario o lo más mínimo con otros países. Schutz, G., "Virtud y felicidad: dos perspectivas sobre la autorquía", *Tópicos*, 2007, núm. 32, s.v., pp. 161-177, disponible en: *https://www.scielo.org.mx/pdf/trf/n32/0188-6649-trf-32-161.pdf* (fecha de consulta: 27 de octubre de 2023)

sivamente virtuales, tienen una presencia en el mundo físico. El derecho es un elemento clave para proteger a la ciudadanía en cualquier situación, incluida la del mundo virtual. De ahí, la importancia de la adaptación de la norma jurídica a los tiempos modernos y de diversos mecanismos democráticos.

Pero ¿cómo funciona? En líneas previas se destacó que el metaverso reposa en la generación de datos que obtiene de las personas usuarias; hoy en día, la capacidad de recolección y tratamiento de datos es impresionante y, por ello, la importancia de su regulación, pues en el metaverso las personas usuarias reproducen una gran cantidad de datos por la interacción que tienen, pero también, por todos los datos que generan los campos de las tecnologías necesarias para su uso. La finalidad del metaverso es realizar las mismas tareas que en el mundo físico, pero dentro del mundo virtual: estudiar, trabajar, viajar, comprar, vender, divertirse, entretenerse; aunque, también pueden llevarse a cabo comportamientos impropios o delictivos. Y, todo esto supone la generación de datos y su respectivo tratamiento.

En este sentido, la legislación mexicana en materia de protección de datos personales tiene un nivel de protección básico si lo analizamos a la luz de este tipo de plataformas. Los tipos de datos personales, el nivel automatizado de tratamiento de datos, el perfilamiento de los datos automatizados y los datos relativos de cada actividad y de cada tipo de tecnología implementada representa un problema jurídico. El metaverso es un sistema monitorizado por lo que el acceso a la privacidad e intimidad de cada persona usuaria es total; desde el uso de diversos datos biométricos que mediante tecnología háptica[12] recolecte, hasta todas las actividades que se realicen dentro del metaverso.

---

[12] Figueroa, P. *et al.*, "Comparación entre controles hápticos y tradicionales en educación y entrenamiento para RV", *Revista Colombiana de Computación*, núm. 2, vol. 21, julio-diciembre de 2020, pp. 13-21, disponible en: *file:///D:/Usuarios/vdiazr/Downloads/Dialnet-Compa-*

Este nivel de recolección y tratamiento de datos personales refiere a una copia exacta de cualquier aspecto tanto público como privado de la persona usuaria, incluida su propio avatar. Esto nos lleva a reflexionar sobre el consentimiento como un requisito fundamental para poder realizar este tipo de recolección y tratamiento de datos personales; es evidente que no será suficiente con un simple consentimiento legal de combinación contractual de varias páginas por la complejidad de la plataforma. Eso, sin considerar el tratamiento de datos personales de carácter internacional, las plataformas de metaversos suponen un intercambio internacional de datos personales entre empresas tanto del mismo grupo como de terceros.

Antes de abordar las situaciones normativas, es necesario desarrollar de manera sucinta los diversos tipos de metaverso que existen con la finalidad de contar con un panorama general sobre el tema.

III. TIPOS DE METAVERSOS

En este apartado identificaremos los dos tipos de metaversos que existen y coexisten, dependiendo de las características podemos encontrar: el metaverso centralizado y el descentralizado. Pero, también, existe una clasificación de metaversos tradicionales y los de *blockchain*.

La clasificación de tradicional y *blockchain* se debe al uso de criptomonedas. Es decir, de los de metaversos de *blockchain* se pueden realizar criptopagos e integran los elementos virtuales en forma de Tokens No Fungibles (NFTs, por sus siglas en inglés).[13]

---

racionEntreControlesHapticosYTradicionalesEnE-7729061.pdf (fecha de consulta: 27 de octubre de 2023).

13 Armijos, V., "Que son los NFT, el DEFI y el Metaverso", *Dialoguemos La academia en la comunidad,* junio 30, 2022, disponible en: *https://*

Por lo que, tienen una economía virtual propia. Ahora bien, los metaversos centralizados y descentralizados utilizan *blockchain.*

Las principales diferencias entre los centralizados y descentralizados es la estructura de control o poder de decisión que tienen las personas usuarias, la propiedad y la privacidad de la información.

En los metaversos centralizados el control de la economía virtual está en manos de unos cuantos organizadores, mientras que en los descentralizados operan a través de una organización autónoma descentralizada (DAO por sus siglas en inglés),[14] por lo que, su economía está controlada por las personas usuarias.

Cada metaverso tiene sus ventajas y desventajas; los centralizados, por su parte, ofrecen experiencias más sencillas y mejor controladas, mientras que los descentralizados prometen más libertad y privacidad de los usuarios.

El metaverso centralizado es un mundo virtual controlado por una sola compañía, por ejemplo, Meta. Mientras que en el metaverso descentralizado el poder de decisión está en mano de los usuarios, *Decentraland* es un ejemplo.

Existe un gran universo de metaversos tanto centralizados como descentralizados, con características propias que hace imposible enumerar y describir cada uno en este espacio académico, ya que más de 20 están en desarrollo o fase beta, pero sería de gran utilidad lúdica identificarlos para conocer qué actividades se pueden desarrollar en cada uno.

---

dialoguemos.ec/2022/06/que-son-los-nft-el-defi-y-el-metaverso/ (fecha de consulta: 27 de octubre de 2023).

14 Roose, K. "¿Qué es una DAO?, La guía cripto para despistados", *The New York Times,* 2022, disponible en: *https://www.nytimes.com/es/interactive/2022/03/29/espanol/dao-que-es.html* (fecha de consulta: 27 de octubre de 2023).

En términos generales en los metaversos podemos crear nuestro propio avatar con las características que más nos gusten, es decir, podemos diseñarnos de manera perfecta o de manera ideal. Al igual, se puede comprar y vender ropa, adquirir una casa, un vehículo, construir tu propia compañía, tener videoconferencias, negociar, entre otros.

Este tipo de actividades tienen implicaciones jurídicas, pero sin lugar a duda la creación de avatares en el mundo virtual supone un gran reto de identificación en el mundo real o físico. Por lo que, en el siguiente apartado, analizaremos la importancia de la identidad virtual y su concordancia con la física.

IV. IMPORTANCIA DE LA IDENTIDAD ÚNICA

Las personas usuarias del metaverso como cualquier otra plataforma deben identificarse y autenticarse (verificarse), incluso generar un avatar. Lo curioso es que la mayoría de las personas usuarias de Internet no cuentan con una identificación propia, sino que confían en aplicaciones como Facebook, Google o LinkedIn para autenticarse o iniciar sesión.

¿Qué es la identidad virtual? Tradicionalmente, la identidad es estudiada como un derecho humano en el que se reconoce, en la Convención sobre los Derechos del Niño, la obligación por parte de los Estados de registrar inmediatamente después de su nacimiento, así como respetar su derecho a la identidad y nacionalidad.[15] Precisamente, porque habilita otros derechos como al voto, a la igualdad ante la ley, a la familia, a la protección a la salud y a la educación.

[15] Artículo 7o. de la Convención sobre los Derechos del Niño, adoptada el 20 de noviembre de 1989, vinculación de México el 21 de septiembre de 1990, *Diario Oficial de la Federación*, 25 de enero de 1991, disponible en: *https://aplicaciones.sre.gob.mx/tratados/muestratratado_nva.sre?id_tratado=484&depositario=0* (fecha de consulta: 29 de octubre de 2023).

La literatura especializada sobre derecho a la identidad señala que es un atributo a la personalidad (nombre), estado, domicilio, capacidad, patrimonios y nacionalidad; impacta al individuo en su entorno familiar, social, lenguaje, tradiciones, incluso cuestiones biológicas y genéticas.[16] Por su parte, la Corte Interamericana de Derechos Humanos ha reconocido que la identidad está asociada al derecho de reconocimiento de la personalidad, al derecho a tener un nombre, una nacionalidad y mantener relaciones familiares.[17]

Justo en este apartado conviene establecer las diferencias entre identidad legal e identidad digital para poder arribar a la identidad virtual. La primera se garantiza a través del Registro Civil y se entiende como la combinación de factores que permiten a una persona acceder a derechos, beneficios y deberes, mientras que la segunda son datos que describen de manera única y detallada a una persona en un entorno digital. Algunos ejemplos de identidad legal son: documentación de nombre, filiación, fecha de nacimiento o identificación única, incluye datos biométricos manuales y/o un número único de identificación. Por lo que se refiere a ejemplos de identidad digital tenemos certificados digitales, huella digital, datos biométricos automatizados, claves únicas, y firma electrónica avanzada.

La identidad virtual es una abstracción que la persona usuaria realiza de sí misma y la erige o plantea en las comunidades del metaverso, puede manifestarse a través de nombres de

---

16 Pina, R. de y Pina Vara, R. de, "Atributos de la personalidad", *Diccionario de derecho,* Porrúa, México, 2005; de Pina y Vara, *Derecho Civil 1,* Porrúa, 7a. ed., México, 2001; Araujo Valdivia, L., *Derecho de las personas y la familia,* 2a. ed., México, Cárdenas, 1997; Martínez Morales, R., *Diccionario Jurídico Teórico Práctico,* México, IURE, 2012.

17 Corte IDH, *Caso Vicky Hernández y otras vs. Honduras,* sentencia del 26 de marzo de 2021, disponible en: *https://www.corteidh.or.cr/docs/casos/articulos/seriec_422_esp.pdf* (fecha de consulta: 27 de octubre de 2023).

usuarios con nombres verdaderos o no y con avatares que no necesariamente reflejan su realidad física o digital. Esto puede tener una aportación de inclusión social al evitar prejuicios y omitir relevancia a discapacidades.

En este mismo sentido, para el metaverso es necesario considerar la identificación (o verificación) y la autenticación dentro de un modelo de identidad; el primer caso es la capacidad de identificarse de forma exclusiva a un usuario de un sistema respondiendo la pregunta ¿quién eres?, mientras que en el segundo caso es la capacidad de demostrar que una persona usuaria es realmente quien dice ser. Existen dos modelos de identidad: la centralizada y la descentralizada. A grandes rasgos la distinción radica en que para la identidad centralizada un tercero genera y preserva la información que hace identificable digitalmente a una persona. En la descentralizada o autoidentidad soberana la persona usuaria es propietaria de sus datos personales y al mismo tiempo tiene control absoluto de ellos; por lo que decide con quién los comparte o no y bajo qué términos.

Generalmente, en la autoidentidad soberana se utiliza la tecnología *blockchain*, con los siguientes elementos:

> Emisor: emite credenciales certificadas firmadas digitalmente y las agrega en el wallet del titular. Titular: gestiona sus credenciales a través de su wallet y las presenta ante las entidades verificadoras que las soliciten. Verificador: solicita pruebas y verifica las credenciales del titular, las cuales deben estar certificadas por un emisor válido.[18]

Para Ignacio Gavilan, este tipo de modelo presenta ventajas frente al centralizado.

---

[18] SigneBlock, A más de un año de eIDAS 2.0: cómo va la Identidad Digital Europea, 26 de junio de 2022. disponible en: *https://www.signeblock.com/a-un-ano-de-eidas-2-0-como-va-la-identidad-digital-europea/* (fecha de consulta: 27 de octubre de 2023).

> Acceso y control: Control directo de los datos de una identidad personal por parte de los usuarios incluyendo el control sobre el nivel de anonimidad. Transparencia e interoperabilidad: Los algoritmos que gobiernen los datos relacionados con la identidad deben ser trasparentes, 'open-source', e independientes de cualquier infraestructura. Además, debería garantizarse una larga vida de estos datos, a poder ser para siempre o, al menos, mientras el usuario lo desee. Portabilidad: Los datos relacionados con la identidad deben poder ser portados a otros servicios, de manera que no sean objeto de censura o control. Estas identidades portables garantizan que los usuarios permanecen con el control de sus identidades independientemente de los servicios que utilicen. Consentimiento y minimización: Los usuarios deben aprobar, en todo momento, el acceso de terceros a sus datos personales. No solo eso, cuando se revelen datos personales, esta revelación debe implicar el menor número de datos necesario.[19]

De ahí que este modelo de identidad se adapte a las necesidades del metaverso, pues hay que tener presente que las actividades que se llevan a cabo en el mundo virtual tienen implicaciones en el mundo físico y viceversa.

En el siguiente apartado revisaremos algunas de las implicaciones jurídicas que representan el metaverso.

V. IMPLICACIONES JURÍDICAS

Se ha señalado a lo largo de este trabajo una gran variedad de características y elementos que hacen del metaverso un reto jurídico, ya que se debe tratar con un enfoque dual, para el mundo virtual y el físico.

---

[19] Gavilan, I., Principios de una identidad digital auto-soberana, 8 de junio de 2022, disponible en: *https://ignaciogavilan.com/principios-de-una-identidad-digital-auto-soberana/* (fecha de consulta: 28 de octubre de 2023).

Algunas de las implicaciones en las diferentes áreas normativas son: propiedad industrial e intelectual, privacidad y protección de datos personales, seguridad de información y ciberseguridad, *fintech* y nuevos modelos de negocio, relaciones laborables paralelas, litigios y arbitraje, normas tributarias, jurisdicción, tipificaciones de delitos, entre otros. Por cuestiones de espacio, no se desarrollarán cada una de las implicaciones que se mencionaron en líneas previas.

Sin embargo, cabe reflexionar sobre el tipo de legislación que se requiere para cada una de estas materias, para conseguir el mismo valor normativo en cada materia en ambos mundos. Será necesaria una legislación especial por cada normatividad o bastará con una legislación dual que actualice los supuestos normativos para que alcance tanto en el mundo físico como en el mundo virtual.

El poder constituyente permanente tiene la difícil tarea de actualización y, en su caso, legislar para que las personas puedan desarrollarse plenamente tanto en el mundo virtual como en el físico con el nivel de seguridad jurídica adecuado para la consecución del Estado constitucional de derecho.

> En el informe anual Tech Policy Trends, de Access Partnership, expertos destacan que las plataformas virtuales y en línea plantean problemas de seguridad adicionales para las niñas y niños, por lo que deben incluir verificación de la edad y consentimiento paterno/materno, así como mecanismos para detectar comportamientos inadecuados, como bullying, grooming y contenidos nocivos.[20]

En este sentido, resalta el comunicado que la Comisión Europea planea crear una visión para los mundos virtuales emer-

---

[20] "Regulación del metaverso requiere enfoque proactivo", Consumo TIC, 26 de enero 2023, disponible en: *https://consumotic.mx/tecnologia/regulacion-del-metaverso-requiere-enfoque-proactivo/* (fecha de consulta: 30 de octubre de 2023).

gentes, como los metaversos.[21] Esta visión se basará en el respeto de los derechos digitales y las leyes y valores de la Unión Europea (UE), cuyo objetivo es crear mundos virtuales abiertos, interoperables e innovadores que puedan ser utilizados con seguridad y confianza por el público y las empresas.[22] Para algunos, el comunicado es el inicio de los elementos que se utilizarán para la regulación del metaverso en la UE.

Sin embargo, el poder constituyente permanente debe tener en cuenta importantes principios éticos y jurídicos. La gobernanza es un elemento fundamental, así como la capacidad de decisión de los usuarios. La transparencia es importante para evitar la desconfianza, y las empresas deben rendir cuentas exponiendo de forma continua su actividad. La existencia del deber de responsabilidad de las implicaciones de sus acciones dentro y fuera del metaverso.

En cuanto a la recolección, generación, análisis y demás tratamiento de datos, es importante gestionar adecuadamente la privacidad, incluidos los datos biométricos y los neurodatos. La veracidad y autenticidad son fundamentales para garantizar los sistemas de verificación de identidad con el modelo de autoidentidad soberana. Además, es importante respetar la autonomía y voluntad a través del consentimiento informado. La legislación debe considerar y brindar una amplia protección a los menores de edad.

A continuación, se esbozan algunas reflexiones a modo de conclusiones sobre el metaverso y sus desafíos jurídicos.

---

[21] Comisión Europea, *Towards the next technological transition: Commission presents EU strategy to lead on Web 4.0 and virtual worlds,* Comunicado de Prensa, Estrasburgo, 11 de julio de 2023, disponible en: *https://ec.europa.eu/commission/presscorner/detail/en/ip_23_3718* (fecha de consulta: 30 de octubre de 2023)

[22] Comisión Europea, *Mundos virtuales aptos para las personas,* 12 de julio de 2023, disponible en: *https://digital-strategy.ec.europa.eu/es/policies/virtual-worlds* (fecha de consulta 30 de octubre de 2023).

VI. CONCLUSIONES

A lo largo del trabajo se señalaron elementos y características importantes sobre el metaverso como una plataforma que conjunta varias tecnologías que potencializan las experiencias de las personas usuarias. Las tecnologías sirven para proporcionar a las personas usuarias la posibilidad de visualizar conceptos, comunicarse a través de identidades digitales de avatares e interactuar en diferentes plataformas.

El metaverso como plataforma recopila y genera datos estáticos y dinámicos en tiempo real para cada persona usuaria conectada, ofreciendo una recreación completa de la realidad física que se almacena en sus parámetros de forma individualizada.

De ahí que, el derecho sea esencial para garantizar la protección de la ciudadanía en cualquier situación, incluida la del mundo virtual. Sin importar el tipo de metaversos que se utilice (centralizado y/o descentralizado).

Si bien el metaverso tiene un impacto en diferentes áreas de nuestras vidas, la más importante ha sido la de la identidad. La autoidentidad soberana ha revolucionado el concepto jurídico de derecho a la identidad, pasando por una identidad legal y digital hasta llegar a una identidad virtual.

El gran reto que tiene el poder constituyente de cualquier país es establecer y definir la forma en cómo debe legislar, ya sea para crear conceptos jurídicos duales, o bien, crear normas jurídicas actualizadas que abarquen tanto el mundo virtual como el físico.

VII. BIBLIOHEMEROGRAFÍA

Araujo Valdivia, L., *Derecho de las personas y la familia*, 2a. ed., México, Cárdenas, 1997.

Armijos, V., "Que son los NFT, el DEFI y el Metaverso", en *Dialoguemos La academia en la comunidad*, 30 de junio de 2022, disponible en: *https://dialoguemos.ec/2022/06/que-son-los-nft-el-defi-y-el-metaverso/*

Bloomberg Intelligence Research, "Metaverse may be $800 billion market, next tech platform", *Bloomberg*, 2021, disponible en: *https://www.bloomberg.com/professional/blog/metaverse-may-be-800-billion-market-next-tech-platform/*

Corte IDH, *Caso Vicky Hernández y otras vs. Honduras*, sentencia del 26 de marzo de 202, disponible en: *https://www.corteidh.or.cr/docs/casos/articulos/seriec_422_esp.pdf*

Colaborador de TechTarget, "Internet del Todo (IoE)", *ComputerWeekly*, febrero de 2017, disponible en: *https://www.computerweekly.com/es/definicion/Internet-de-todo-IoE*

Comisión Europea, *Mundos virtuales aptos para las personas*, 12 de julio de 2023, disponible en: *https://digital-strategy.ec.europa.eu/es/policies/virtual-worlds*

Comisión Europea, "Towards the next technological transition: Commission presents EU strategy to lead on Web 4.0 and virtual worlds", Comunicado de Prensa, Estrasburgo, 11 de julio de 2023, disponible en: *https://ec.europa.eu/commission/presscorner/detail/en/ip_23_3718*

Convención sobre los Derechos del Niño, adoptada el 20 de noviembre de 1989, vinculación de México el 21 de septiembre de 1990, *Diario Oficial de la Federación*, 25 de enero de 1991, disponible en: *https://aplicaciones.sre.gob.mx/tratados/muestratratado_nva.sre?id_tratado=484&depositario=0*

Di Natale, A. F., et. al. "Immersive virtual reality in K-12 and higher education: A 10-year systematic review of empirical research", *British Journal of Educational Technology*, 2020, núm. 51 vol. 6.

Díaz, J., Saldaña, C. y Ávila, C., "Virtual world as a resource for hybrid education", *International Journal of Emerging Technologies in Learning (IJET)*, 2020, núm. 15, vol. 15.

Figueroa, P. *et al.*, "Comparación entre controles hápticos y tradicionales en educación y entrenamiento para RV", *Revista Colombiana de Computación*, núm. 2, vol. 21, julio-diciembre de 2020, disponible en: *file:///D:/Usuarios/vdiazr/Downloads/Dialnet-ComparacionEntreControlesHapticosYTradicionalesEnE-7729061.pdf*

Gavilán, I., *Principios de una identidad digital auto-soberana*, 8 de junio de 2022, disponible en: *https://ignaciogavilan.com/principios-de-una-identidad-digital-auto-soberana/*

Henriksen, D. *et al.*, "Folk pedagogies for teacher transitions: Approaches to synchronous online learning in the wake of COVID-19", *Journal of Technology and Teacher Education*, 2020, núm. 28, vol. 2, disponible en: *https://www.learntechlib.org/primary/p/216179*

Jin, S. A. A., "Leveraging avatars in 3D virtual environments (Second Life) for interactive learning: The moderating role of the behavioral activation system vs. behavioral inhibition system and the mediating role of enjoyment", *Interactive Learning Environments,* 2011, núm. 19, vol. 5.

Martínez Morales, R., *Diccionario jurídico teórico práctico,* México, IURE, 2012.

Pina y Vara de, *Derecho civil 1,* 7a. ed., México, Porrúa, 2001.

Pina, R. de y De Pina Vara, R., "Atributos de la personalidad", *Diccionario de derecho,* México, Porrúa, 2005.

Redacción, "Regulación del metaverso requiere enfoque proactivo", *Consumo TIC,* 26 de enero de 2023, disponible en: *https://consumotic.mx/tecnologia/regulacion-del-metaverso-requiere-enfoque-proactivo/*

Reyes, C., "Perception of high school students about using Metaverse in augmented reality learning experiences in mathematics", *Pixel Bit Revista de Revista de Medios y Educación,* núm. 58, 2020.

Roose, K. "¿Qué es una DAO?, La guía cripto para despistados", *The New York Times,* 2022, disponible en: *https://www.nytimes.com/es/interactive/2022/03/29/espanol/dao-que-es.html*

Schaf, F. M. *et al.*, "3D AutoSysLab Prototype-A Social, Immersive and Mixed Reality Approach for Collaborative Learning Environments", *Proceedings of the IEEE International Conference EDUCON,* 2012, pp. 1161-1169.

Schlemmer, E. et al., "The metaverse: Telepresence in 3D avatar-driven digital-virtual worlds", *@ tic. revista d'innovació educativa,* 2009, s. n., vol. 2, pp. 26-32.

Schutz, G., "Virtud y felicidad: dos perspectivas sobre la autorquía", *Tópicos,* 2007, núm. 32, s.v., disponible en: *https://www.scielo.org.mx/pdf/trf/n32/0188-6649-trf-32-161.pdf*

SigneBlock, *A más de un año de eIDAS 2.0: cómo va la Identidad Digital Europea,* 26 de junio de 2022, disponible en: *https://www.signeblock.com/a-un-ano-de-eidas-2-0-como-va-la-identidad-digital-europea/*

Justicia administrativa digital: inteligencia artificial, interoperabilidad y derechos humanos

MIGUEL ALEJANDRO LÓPEZ OLVERA[1]

SUMARIO: I. *INTRODUCCIÓN*. II. *ADMINISTRACIONES PÚBLICAS DIGITALES*. III. *RESPONSABILIDAD PATRIMONIAL DEL ESTADO*. IV. *COMISIONES DE DERECHOS HUMANOS*. V. *JURISDICCIÓN ADMINISTRATIVA*. VI. *LA INTEROPERABILIDAD*. VII. *CONCLUSIONES*. VIII. *BIBLIOGRAFÍA*.

I. INTRODUCCIÓN

El concepto clásico "justicia administrativa" ha sido definido por algunas personas autoras en diferentes países de Iberoamérica. Uno de los más conocidos y citados es el del maestro Héctor Fix-Zamudio, quien contempla en su estudio diferentes figuras jurídicas que, en su opinión, forman parte de la justicia administrativa.[2]

---

1 Investigador Titular "C" de tiempo completo en el Instituto de Investigaciones Jurídicas de la UNAM. Miembro del Foro Iberoamericano de Derecho Administrativo.

2 Fix-Zamudio, Héctor, "Concepto y contenido de la justicia administrativa", en Cienfuegos Salgado, David y López Olvera, Miguel Alejandro (coords.), *Estudios en homenaje a don Jorge Fernández Ruiz. Derecho procesal*, México, Universidad Nacional Autónoma de México, 2005, pp. 149-210.

Esas figuras jurídicas son las leyes de procedimiento administrativo, los recursos administrativos, la responsabilidad patrimonial del Estado, el *ombudsman* o comisiones de derechos humanos, así como los tribunales de justicia administrativa.

En la actualidad, algunas de esas figuras jurídicas ya se han incorporado al ordenamiento jurídico mexicano, o se han perfeccionado, sin embargo, es actual su aporte en virtud de que nuevas circunstancias y nuevos avances de la ciencia van apareciendo.

Es así que, siguiendo su doctrina, abordaremos nuestro análisis y nuestra propuesta sobre la justicia administrativa digital, así como los nuevos conceptos que se han desarrollado en otras disciplinas pero que son también aplicables a esta nueva propuesta.

Para realizar nuestro análisis nos hemos dado a la tarea de estudiar las leyes y reglamentos vigentes que regulan las figuras jurídicas antes mencionadas e identificar las normas, los conceptos o los procedimientos en los que se utilice o se mencione la utilización de algún tipo de tecnología para la realización de las competencias que el propio ordenamiento jurídico le asigna a algún organismo estatal.

También hemos revisado y analizado los criterios de los tribunales del Poder Judicial federal, en los que se ha discutido el uso de los medios tecnológicos para el cumplimiento de obligaciones o la realización de las competencias de las autoridades.

Y lo más importante, hemos revisado y analizado cientos de portales web de organismos estatales, federales, locales y municipales, para constatar su funcionamiento, analizar los servicios digitales que ofrecen y los tipos de actos administrativos digitales que se pueden gestionar.

Como afirma Guillermo Morales Gutiérrez,

> La sociedad actual, inmersa en la realidad informática, demanda que los servicios proporcionados por el gobierno se presten de forma simple, ágil, transparente y accesible a través de medios informáticos y de comunicación masiva como la Internet.

> En este contexto, el Estado no sólo debe regular la aplicación de las herramientas tecnológicas, sino también aprovechar los avances telemáticos, regulando su aplicación en el ámbito del derecho público para que sirvan en la realización de sus fines y objetivos, por ejemplo, agilizando las tareas legislativas, administrativas y jurisdiccionales.[3]

Observaremos, del análisis realizado, que el estudio del maestro Fix-Zamudio es muy importante en la actualidad, pues aunque la realidad ha cambiado y la ciencia y la tecnología han avanzado, hay muchos retos que debemos pasar, múltiples reformas que se deben de realizar en las leyes, recursos económicos que invertir para poner al alcance de las personas la tecnología en beneficio de la dignidad de las personas.

El planteamiento en este breve capítulo será en relación con el respeto a los derechos humanos que deben tutelarse tanto en los procedimientos y trámites administrativos como en el correspondiente proceso administrativo o juicio de amparo, especialmente en aquellas decisiones de la administración pública en las cuales se utilizan herramientas que actualmente ha desarrollado la tecnología. Me centraré en el uso de ciertas figuras jurídicas y sus consecuencias para las personas que desean acudir al órgano jurisdiccional para impugnar una decisión de la administración pública que ha sido dictada o tomada por medio de los instrumentos tecnológicos.

II. ADMINISTRACIONES PÚBLICAS DIGITALES

1. *Órganos e infraestructura digitales*

En la actualidad, las administraciones públicas del país, las federales, las estatales y las municipales, ya ofrecen servicios tecno-

---

[3] Morales Gutiérrez, Guillermo, *El juicio en línea de lo contencioso administrativo*, México, Oxford, 2012, p. 17.

lógicos para gestionar procedimientos o trámites mediante el uso de sus páginas web, sistemas o plataformas digitales. Esto quiere decir que ya contamos con procedimientos, trámites y actos administrativos digitales. Las labores de las administraciones públicas por esos medios se hacen eficientes, además de que generan ahorro de tiempo y de costos económicos para las personas.

Tanto a nivel federal como a nivel estatal ya se han expedido leyes que regulan este tipo de procedimientos y actos, como, por ejemplo, la Ley de Firma Electrónica Avanzada, la Ley sobre el Uso de Medios Electrónicos y Firma Electrónica para el Estado de Guanajuato y sus Municipios, además de las diversas leyes que ya contienen regulaciones para gestionar procedimientos y trámites administrativos vía digital.

Al respecto, Alfonso Ayala Sánchez, opina que

> Las nuevas tecnologías han mejorado la capacidad de generar información, misma que está siendo utilizada por el Estado para mejorar los servicios que está comprometido a ofrecer a la ciudadanía, logrando con ello incrementar la interacción entre las autoridades gubernamentales y la población, haciéndola más eficiente. La era de la información ha sido posible gracias a la proliferación de tecnologías emergentes de la información y comunicación, y la capacidad que dicha tecnología le confiere al usuario para romper las barreras de la distancia, el tiempo, el lugar, y las restricciones físicas para procesar información y tomar decisiones inherentes a la condición humana.[4]

La tecnología, en ese sentido, está siendo aprovechada en beneficio de la tutela de los derechos humanos de las personas.

Esto mismo nos advierte la Segunda Sala de la Suprema Corte de Justicia de la Nación, en el criterio jurisdiccional sobre "CONTABILIDAD ELECTRÓNICA. LA OBLIGACIÓN DE INGRESAR LA

---

4 Ayala Sánchez, Alfonso, "Tecnología digital", en Ayala Sánchez, Alfonso (coord.), *Democracia en la era digital*, México, Universidad Nacional Autónoma de México-Congreso del Estado de Veracruz, 2012, pp. 60 y 39.

INFORMACIÓN CONTABLE A TRAVÉS DE LA PÁGINA DE INTERNET DEL SERVICIO DE ADMINISTRACIÓN TRIBUTARIA, EN LA FORMA Y TÉRMINOS ESTABLECIDOS EN EL ARTÍCULO 28, FRACCIÓN IV, DEL CÓDIGO FISCAL DE LA FEDERACIÓN Y EN LAS REGLAS 2.8.1.4., 2.8.1.5. Y 2.8.1.9. DE LA RESOLUCIÓN MISCELÁNEA FISCAL PARA 2015, PUBLICADA EN EL DIARIO OFICIAL DE LA FEDERACIÓN EL 30 DE DICIEMBRE DE 2014, ES PROPORCIONAL CON EL FIN PERSEGUIDO POR EL LEGISLADOR", en el cual explica:

> De los trabajos legislativos que antecedieron a las reformas, adiciones y derogaciones al Código Fiscal de la Federación, publicadas en el Diario Oficial de la Federación de 9 de diciembre de 2013, se advierte que la obligación aludida, bajo el contexto del aprovechamiento de los avances de la tecnología, tuvo como finalidad integrar un sistema electrónico de contabilidad estándar que permita, por una parte, facilitar el cumplimiento de obligaciones fiscales y, por otra, agilizar los procedimientos de fiscalización, aspectos que se encuentran dentro del ámbito del artículo 31, fracción IV, de la Constitución Política de los Estados Unidos Mexicanos, lo que significa que la obligación legal (en la forma y términos previstos en las disposiciones administrativas), tiene una finalidad constitucionalmente válida, como lo es comprobar el correcto cumplimiento del deber de contribuir al gasto público. Por su parte, la obligación de ingresar la información en los términos que establecen las disposiciones generales, constituye el medio adecuado dirigido a cumplir con la finalidad perseguida por el legislador ya que, en primer lugar, tiende a evitar las cargas que anteriormente generaban los "formulismos" para el cumplimiento de las obligaciones fiscales; además de que en la medida en que el contribuyente va incorporando su información contable, a través de la página de Internet del Servicio de Administración Tributaria, permite a la autoridad no solamente tener acceso inmediato a las cuestiones relacionadas con el cumplimiento de sus obligaciones fiscales, sino allegarse de los elementos necesarios para que en un momento dado pueda desplegar con mayor facilidad algún acto de fiscalización. Finalmente, no se ocasiona un daño innecesario o desproporcional al contribuyente por el simple hecho de que tenga que llevar su contabilidad a través de medios electrónicos y de ingresarla a través de la página de Internet del Servicio de Administración Tributaria en los términos previstos en la dis-

> posiciones referidas, ya que si aquel cumple con las nuevas obligaciones fiscales impuestas por el legislador, aprovechando los beneficios de los avances tecnológicos, se simplifican y se mejoran los procedimientos administrativos a través de los cuales anteriormente cumplía con sus obligaciones y ejercía sus derechos, lo que se traduce en un ahorro de tiempo y trámites bajo el contexto del sistema tradicional.[5]

Se puede observar en las páginas web, sistemas o plataformas digitales de las administraciones públicas que se pueden obtener actos o resoluciones administrativas sin acudir presencialmente a las oficinas de gobierno.

En la actualidad, diferentes organismos públicos o empresas privadas utilizan la inteligencia artificial para interactuar con las personas, por ejemplo, por medio del denominado ChatGPT.

Sobre el particular, señala Juan Manuel Jiménez Illescas:

> En el área de la administración pública la tecnología informática ha permitido hacer más eficiente —en tiempo y costo económico— la actuación de los órganos administrativos mediante el uso de equipos de cómputo, procesadores de texto, redes informáticas internas y externas, bases de datos, entre otros, que permiten al funcionario público agilizar los procedimientos y trámites administrativos tanto internos como para los particulares.[6]

También conocida como "administración electrónica, "ciber administración", "administración virtual", "administración digital", "administración on line" o "tele administración", este concepto se utiliza para referirse a la infraestructura, a los programas, a los sistemas, a las plataformas, a las páginas web y a los mecanismos informáticos que permiten la prestación de servicios y el desarrollo de los procedimientos administrativos, tanto

---

5 Tesis de jurisprudencia 2a./J. 147/2016 (10a.), *Gaceta del Semanario Judicial de la Federación*, Décima Época, Libro 35, Octubre de 2016, t. I, p. 707.

6 Jiménez Illescas, Juan Manuel, *El juicio en línea. Procedimiento contencioso administrativo federal*, México, Dofiscal, 2009, p. 17.

a las personas —físicas y morales— como a los propios servidores públicos de la administración pública para facilitar la tramitación y gestión de los asuntos administrativos.[7]

Es decir, la nueva administración pública digital, que funciona con base en páginas web, sistemas o plataformas digitales a través de algoritmos programados por los propios servidores públicos humanos, pero que una vez programados, han adquirido autonomía.

Cada vez con mayor frecuencia, las personas harán uso de estos instrumentos tecnológicos, y por ello, es necesario cuestionarnos y vislumbrar posibles escenarios para contemplar una regulación acorde con dichas problemáticas.

2. *Servidores públicos digitales*

Como sabemos, las administraciones públicas funcionan a través de servidores públicos, es decir, personas humanas que ejercen las facultades que el ordenamiento jurídico encomienda a un órgano. Tanto la Constitución como los propios tratados internacionales regulan la actuación de los órganos estatales a través de servidores públicos.

> Sin duda, un elemento ostensible y esencial del Estado es el gobierno, entendido como el conjunto de órganos depositarios de las funciones del poder público; ese aparato gubernamental requiere para su funcionamiento de la presencia de los titulares de esos órganos para ejercer las funciones del poder público y realizar las demás actividades del Estado.

---

7 Delpiazzo, Carlos E., "Transformaciones de la administración frente a las telecomunicaciones", en Fernández Ruiz, Jorge y Santiago Sánchez, Javier (coords.), *Régimen jurídico de la radio, televisión y telecomunicaciones en general. Culturas y sistemas jurídicos comparados,* México, Universidad Nacional Autónoma de México, 2007, p. 128.

> Asimismo, los órganos del Estado comprenden ese complejo de competencias, atribuciones, facultades, derechos, prerrogativas, deberes y obligaciones, cuyo desempeño, ejercicio o cumplimiento, debe realizarse por medio de persona física: el titular del órgano, el servidor público.[8]

En ese sentido, la Ley General de Responsabilidades Administrativas, dispone, en el artículo 3o., fracción XXV, que se entiende por: "Servidores Públicos: Las personas que desempeñan un empleo, cargo o comisión en los entes públicos, en el ámbito federal y local, conforme a lo dispuesto en el artículo 108 de la Constitución Política de los Estados Unidos Mexicanos".

En el mismo sentido, el TMEC y otros tratados internacionales señalan que "funcionario público" es la persona que ocupa un cargo público (legislativo, ejecutivo, administrativo o judicial) en el Estado, toda persona que desempeñe una función pública o que preste un servicio público, o toda persona definida como "funcionario público" en el derecho interno de un Estado parte.

Es decir, que aunque en la práctica ya la tecnología ha sustituido a las personas, el ordenamiento jurídico sigue manteniendo el mismo lenguaje, por lo que el legislador debe actualizar la normativa y adicionar la figura del *e*-servidor público o servidor público digital o robot servidor público.

3. *Actos administrativos digitales*

Según el artículo 136 del Código de Procedimiento y Justicia Administrativa para el Estado y los Municipios de Guanajuato (en adelante Código), acto administrativo:

> [...] es toda declaración unilateral de voluntad, emanada de una autoridad administrativa del Estado o de sus municipios

8 Fernández Ruiz, Jorge y López Olvera, Miguel Alejandro, *Derecho administrativo del estado de Hidalgo*, México, Porrúa, 2007, pp. 2, 3 y 29.

> en el ejercicio de potestades públicas derivadas de los ordenamientos jurídicos, que tiene por objeto crear, declarar, reconocer, transmitir, modificar o extinguir una situación jurídica individual y concreta, o bien de carácter general, con la finalidad de satisfacer intereses generales.

En ese sentido, diferentes leyes contemplan la expedición de documentos digitales, por ejemplo, un certificado digital, un documento electrónico, un sello digital, un documento digital, entre muchos otros.

Sin lugar a dudas, se trata, en muchos casos, de actos administrativos digitales, que, también, sin lugar a duda, se pueden impugnar o utilizar como pruebas, ¿pero realmente se tratará de actos administrativos?

Si la inteligencia artificial genera esos documentos, ¿se podrá hablar de un acto administrativo? En virtud de que en algunos casos no va a emanar de la voluntad de una autoridad administrativa, es decir, de un servidor público humano, sino de la configuración de los algoritmos previamente programados.

Entonces, la definición de acto administrativo que se señala en el Código se ha quedado rezagada frente a los nuevos desarrollos tecnológicos. El Código debería de ampliar su definición o incluir otra que se refiera a acto administrativo digital.

Uno que derivará o que generará el propio sistema cuando las personas ingresen e introduzcan datos y documentos que acrediten que cumple con lo señalado en la norma o en el respectivo formulario virtual.

Con lo cual, estamos hablando de otra figura importante de regular y de contemplar, no solo en el Código o en las leyes de procedimiento administrativo, sino en una diversidad de leyes y regulaciones que ya expiden documentos con estas características.

Basta con ingresar a las páginas web, sistemas o plataformas digitales de los organismos estatales para observar la gran cantidad de trámites que se pueden realizar y obtener un documento digital.

Por ejemplo, en el portal web del Gobierno de México hay una "pestaña" de trámites[9] en la que se pueden identificar los organismos de la administración pública federal, y al darle *click* en el nombre del organismo se despliega un listado de los trámites y documentos que se pueden gestionar vía Internet.

Lo mismo podemos observar en el estado de Guanajuato. En el portal web del gobierno se puede observar una pestaña de "Trámites y servicios" que se pueden realizar en línea.[10]

Sin embargo, es importante mencionar que el diseño de los procedimientos administrativos que se desarrollan en línea deben seguir la lógica, los principios y las garantías inherentes a estos procedimientos, respetar los derechos humanos como el derecho a la defensa, el debido proceso, el derecho a la verdad, el derecho a la memoria histórica, así como a la tutela judicial efectiva.

En la Resolución A/RES/68/198, denominada "Las tecnologías de la información y las comunicaciones para el desarrollo", la Asamblea General de la ONU, destacó "la importancia del respeto de los derechos humanos y las libertades fundamentales en el uso de tecnologías de la información y las comunicaciones", y reafirmó "que los mismos derechos que tienen las personas fuera de línea también deben ser protegidos en línea".[11]

Del mismo modo que las administraciones públicas y el propio Tribunal, los particulares también cuentan con aplicaciones y dispositivos para interactuar con las administraciones públicas, pero que pueden generar daños, robos o hackeos a los sistemas, plataformas y páginas de las administraciones públicas o de los tribunales, por lo que es importante implementar sistemas de

---

9 Disponible en: *https://www.gob.mx/tramites.*

10 Disponible en: *https://kioscodigital.guanajuato.gob.mx/home.*

11 Resolución A/RES/68/198, Las tecnologías de la información y las comunicaciones para el desarrollo, aprobada por la Asamblea General de la ONU, el 20 de diciembre de 2013, p. 3.

seguridad ante un posible ataque cibernético. La protección de la información y de los datos personales de las personas es una cuestión central en el diseño e implementación de estos sistemas.

III. RESPONSABILIDAD PATRIMONIAL DEL ESTADO

En el año 2002 se adicionó la Constitución federal para incorporar la figura de la responsabilidad patrimonial del Estado, es decir, "el derecho a la indemnización a quienes, sin obligación jurídica de soportarlo, sufran daños en cualquiera de sus bienes y derechos como consecuencia de la actividad administrativa irregular del Estado".[12]

Asimismo, el 1o. de enero de 2005 entró en vigor la Ley Federal de Responsabilidad Patrimonial del Estado, la cual, establece el procedimiento para reclamar esos daños, y precisa, en el artículo 1, segundo párrafo, que "se entenderá por actividad administrativa irregular, aquella que cause daño a los bienes y derechos de los particulares que no tengan la obligación jurídica de soportar, en virtud de no existir fundamento legal o causa jurídica de justificación para legitimar el daño de que se trate".

Como ya lo hemos referido, las administraciones públicas realizan sus funciones públicas administrativas a través de sus páginas web, sistemas o plataformas digitales, sin embargo, no es raro que esos portales presenten fallas en su funcionamiento y causen daños a las personas.

En esos casos, puede derivar en una responsabilidad patrimonial para el Estado y la consecuente obligación de reparar integralmente el daño causado. Por ejemplo, el Primer Tribunal Colegiado en Materia Administrativa del Cuarto Circuito explica, en un criterio jurisdiccional, que

---

12 Artículo 1 de la Ley Federal de Responsabilidad Patrimonial del Estado.

> El artículo 17-H, párrafo primero, fracción X, inciso d), del Código Fiscal de la Federación, precisa que los certificados que emita el Servicio de Administración Tributaria, quedarán sin efecto cuando las autoridades fiscales, aun sin ejercer sus facultades de comprobación, detecten la existencia de una o más infracciones previstas en los artículos 79, 81 y 83 del propio Código Fiscal de la Federación, y la conducta sea realizada por el contribuyente titular del certificado. En ese tenor, contra la determinación de la autoridad hacendaria de dejar sin efectos o cancelar el certificado del sello digital para la expedición de comprobantes fiscales, sí es procedente conceder la suspensión con fundamento en el artículo 128, fracción II, de la Ley de Amparo, pues al tratarse de un solo quejoso, no se afecta el orden público ni se altera el interés de la sociedad. Además, porque el perjuicio que resentiría el particular produciría perjuicios de difícil o imposible reparación, no susceptibles de resarcirse con la sentencia que se dicte en el juicio principal, ya que durante el tiempo de la cancelación el gobernado queda imposibilitado de expedir facturas y, por tanto, inhabilitado para realizar su actividad comercial, lo que pone en riesgo la viabilidad y la sustentabilidad de la empresa, pues al dejarse sin efectos los sellos digitales, se constituye un obstáculo para generar y obtener riqueza, que va, incluso en detrimento de la recaudación a favor de la Hacienda Pública, pues ésta se obtiene mayormente de la utilidad o renta. Es decir, de no concederse la suspensión, se impide recaudar el gasto público conforme a lo previsto en el artículo 31, fracción IV, de la Constitución Política de los Estados Unidos Mexicanos; lo que sí vulneraría el orden público.[13]

En ese sentido, sabemos que los reglamentos interiores de los diferentes poderes y organismos estatales contemplan en la actualidad áreas, es decir, órganos internos encargados de, por ejem-

---

[13] Tesis aislada IV.1o.A.52 A (10a.), SUSPENSIÓN. ES PROCEDENTE CONCEDERLA CONTRA LA CANCELACIÓN DEL SELLO DIGITAL QUE SIRVE PARA LA EXPEDICIÓN DE COMPROBANTES FISCALES. DE LO CONTRARIO, SE PARALIZARÍA LA ACTIVIDAD COMERCIAL DE LA EMPRESA Y SE AFECTARÍA LA RECAUDACIÓN DE LA HACIENDA PÚBLICA, *Gaceta del Semanario Judicial de la Federación*, Décima Época, Libro 38, enero de 2017, t. IV, p. 2815.

plo, diseñar, organizar, implementar y coordinar los sistemas de información y tecnológicos, así como los programas informáticos.

Si por alguna circunstancia, atribuible a algún servidor público o a la propia página web, sistema o plataforma digital, llegaran a fallar y generaran daños a las personas esas plataformas, ¿se configuraría una "actividad administrativa irregular" y por ende, una responsabilidad patrimonial para el Estado?

Las gestiones que se realizan a través de las páginas web, sistema o plataforma digital ¿se consideran como una función pública administrativa?

Considero que sí, que toda la actividad desarrollada por parte de las áreas de tecnología de la información de los entes públicos es actividad o formal y materialmente administrativa o materialmente administrativa, y que sí puede derivar en daños a las personas en sus derechos o en sus bienes.

La caída de una página web, de un sistema o de una plataforma digital, puede generar que las personas incumplan con una obligación fiscal o administrativa, que no entreguen a tiempo un informe o una declaración, es decir, puede propiciar un daño.

Sin duda, todas estas situaciones, hechos y actos son de la competencia del Tribunal, y por lo tanto, recaerían en el ámbito de la justicia administrativa digital.

IV. COMISIONES DE DERECHOS HUMANOS

Tienen su fundamento en el artículo 102, apartado B, de la Constitución federal, el cual, señala que se crearán "organismos de protección de los derechos humanos que ampara el orden jurídico mexicano, los que conocerán de quejas en contra de actos u omisiones de naturaleza administrativa provenientes de cualquier autoridad o servidor público, con excepción de los del Poder Judicial de la Federación, que violen estos derechos".

En ese sentido, tanto la Constitución como los tratados internacionales reconocen un conjunto amplio de derechos humanos, que originalmente estuvieron pensados para protegerse en el ámbito de las relaciones personales entre las personas y las autoridades, pero con la incorporación de las tecnologías de la información y comunicación, las relaciones entre las autoridades y las personas ahora se desarrollan por medio de las páginas web, sistemas o plataformas digitales.

> En este orden de ideas, explica Alfredo Delgadillo López, en México los derechos fundamentales de la Cuarta Revolución Industrial son los siguientes: *a)* derecho a no ser discriminado, *b)* derecho al acceso a las tecnologías, *c)* derecho de acceso a internet, *d)* derecho al acceso a la información, *e)* derecho a la libertad de expresión, *f)* derecho a la protección de datos personales, *g)* derecho a la tutela judicial efectiva, *h)* derechos de autor, *i)* derecho al trabajo, *j)* derecho a la intimidad, *k)* derecho a la seguridad de la información, *l)* derecho a la buena administración pública, *m)* derecho a navegar libremente en el ciberespacio, *n)* derecho a la propiedad, *ñ)* derecho al desarrollo y *o)* derecho a la libre competencia.[14]

En ese sentido, las comisiones de derechos humanos tienen un reto importante en la prevención, investigación, vigilancia y respeto de los derechos humanos que se gestionan en el ámbito digital,[15] ya que, como lo explicamos, en la actualidad, en muchos casos, no son los servidores públicos los que actúan, sino que las decisiones respecto de las peticiones de las personas las toman las propias plataformas mediante la inteligencia artificial.

---

14 Delgadillo López, Alfredo, "Los derechos constitucionales en México en tiempos de la Cuarta Revolución Industrial", en Delgadillo López, Alfredo (coord.), *Tecnologías de la información*, México, Comisión de Derechos Humanos del Estado de México, 2022, p. 29.

15 Véase *Introducción a los derechos digitales*, Media Defence-Konrad Adenauer Stiftung, disponible en: *https://archivos.juridicas.unam.mx/www/bjv/libros/15/7214/1.pdf*

V. JURISDICCIÓN ADMINISTRATIVA

En algunos países el ordenamiento jurídico contempla instancias especializadas que resuelven conflictos entre las personas y las administraciones públicas y que no pertenecen al Poder Judicial. En otros países, son los juzgados y tribunales del Poder Judicial los que resuelven esas controversias.

En nuestro país, contamos con tribunales de justicia administrativa, uno federal y 32 locales, que resuelven controversias entre las personas y la administración pública inserta en el Poder Ejecutivo.

Pero también contamos con el juicio de amparo, que funciona como una jurisdicción residual para resolver controversias entre los particulares y las administraciones públicas que no pertenecen al Poder Ejecutivo, como las administraciones públicas de los poderes legislativos y judiciales, y de los órganos constitucionales autónomos.

En el caso específico de Guanajuato, en septiembre de 1987 se creó el Tribunal de lo Contencioso Administrativo del Estado de Guanajuato. Desde esa fecha, el hoy Tribunal de Justicia Administrativa del Estado de Guanajuato ha sido un pilar en la consolidación del Estado de derecho en el estado de Guanajuato y de la tutela de los derechos humanos, especialmente del derecho a la tutela judicial efectiva.

Es importante mencionar que sin importar el diseño institucional que se adopte, la tutela judicial de los derechos humanos de las personas debe respetar un mínimo de garantías. Así lo ha señalado la Segunda Sala de la Suprema Corte de Justicia de la Nación.

> La garantía individual de acceso a la impartición de justicia consagra a favor de los gobernados los siguientes principios: 1. De justicia pronta, que se traduce en la obligación de las autoridades encargadas de su impartición de resolver las controversias ante ellas planteadas, dentro de los términos y plazos que para tal efecto establezcan las leyes; 2. De justicia completa, consistente en que la autoridad que conoce del asunto emita pronunciamiento respecto de todos y cada uno de los aspectos debatidos

> cuyo estudio sea necesario, y garantice al gobernado la obtención de una resolución en la que, mediante la aplicación de la ley al caso concreto, se resuelva si le asiste o no la razón sobre los derechos que le garanticen la tutela jurisdiccional que ha solicitado; 3. De justicia imparcial, que significa que el juzgador emita una resolución apegada a derecho, y sin favoritismo respecto de alguna de las partes o arbitrariedad en su sentido; y, 4. De justicia gratuita, que estriba en que los órganos del Estado encargados de su impartición, así como los servidores públicos a quienes se les encomienda dicha función, no cobrarán a las partes en conflicto emolumento alguno por la prestación de ese servicio público. Ahora bien, si la citada garantía constitucional está encaminada a asegurar que las autoridades encargadas de aplicarla lo hagan de manera pronta, completa, gratuita e imparcial, es claro que las autoridades que se encuentran obligadas a la observancia de la totalidad de los derechos que la integran son todas aquellas que realizan actos materialmente jurisdiccionales, es decir, las que en su ámbito de competencia tienen la atribución necesaria para dirimir un conflicto suscitado entre diversos sujetos de derecho, independientemente de que se trate de órganos judiciales, o bien, sólo materialmente jurisdiccionales.[16]

Cabe destacar que el Tribunal de Justicia Administrativa del Estado de Guanajuato y el Tribunal Federal de Justicia Administrativa, han sido pioneros en la incorporación de figuras jurídicas novedosas y vanguardistas para que la tutela de los derechos humanos de las personas sea efectiva.

En cuanto al tema de este capítulo, el Código ha incorporado el juicio en línea y sus respectivas garantías, así como diferentes mecanismos jurídicos para hacer efectivo y eficaz el proceso administrativo.

---

[16] Tesis de jurisprudencia 2a./J. 192/2007, ACCESO A LA IMPARTICIÓN DE JUSTICIA. EL ARTÍCULO 17 DE LA CONSTITUCIÓN POLÍTICA DE LOS ESTADOS UNIDOS MEXICANOS ESTABLECE DIVERSOS PRINCIPIOS QUE INTEGRAN LA GARANTÍA INDIVIDUAL RELATIVA, A CUYA OBSERVANCIA ESTÁN OBLIGADAS LAS AUTORIDADES QUE REALIZAN ACTOS MATERIALMENTE JURISDICCIONALES, *Semanario Judicial de la Federación y su Gaceta*, Novena Época, t. XXVI, octubre de 2007, p. 209.

El juicio en línea, explica Ángel Juárez Cacho, "tiene un procedimiento igual al escrito y solo difieren en el medio de almacenamiento y manejo de la información, para su substanciación y resolución. El juicio en línea será preferentemente a través de los sistemas de cómputo e internet".[17]

Asimismo, destacan, entre otras figuras, en el Código, la notificación vía correo electrónico, los mensajes de datos, los demás elementos aportados por los descubrimientos de la ciencia, que se generan a través del Sistema Informático del Tribunal.

También destacamos que en el mismo Código se regulan tanto el procedimiento administrativo como el proceso jurisdiccional administrativo. Pero es importante que las regulaciones se actualicen conforme van apareciendo los cambios en la sociedad, en la economía y en el medio ambiente, lo mismo que con la tecnología.

En ese sentido, debemos señalar que el Código indica que son partes en el proceso el actor, el demandado y el tercero. Y que tienen el carácter de demandado "Las autoridades que dicten, ordenen, ejecuten o traten de ejecutar el acto o la resolución impugnada". En similares términos está redactada la Ley de Amparo. Al respecto, cabe preguntarnos: ¿una página web, un sistema o una plataforma digital pueden ser autoridades? Por ejemplo, en el Reglamento Interior de la Secretaría de la Transparencia y Rendición de Cuentas de Guanajuato se contempla una Dirección de Tecnologías de la Información. Esa normativa regula también el funcionamiento de un sistema de certificación de los medios de identificación electrónica, un sistema electrónico del personal de la Secretaría y un sistema de registro y control de asistencia y puntualidad de las personas servidoras públicas de la Secretaría.

---

17 Juárez Cacho, Ángel, *El juicio contencioso administrativo federal y la defensa fiscal en la jurisprudencia*, México, Raúl Juárez Carro Editorial, 2010, p. 33.

Si esos documentos o sistemas llegaran a afectar derechos humanos de las personas, a quién señalaríamos como demandado en nuestro juicio en línea, ¿al sistema o al servidor público encargado de la administración y funcionamiento del sistema?

Si como ya lo dijimos anteriormente, que según el Código tienen el carácter de demandado, "Las autoridades que dicten, ordenen, ejecuten o traten de ejecutar el acto o la resolución impugnada".

Si por alguna circunstancia, la página web o el sistema o la plataforma digital llegaran a fallar y generara daños a las personas o a los propios servidores públicos en sus derechos, ¿serían sujetos de una responsabilidad administrativa los servidores públicos encargados de la gestión de la página web o del sistema o de la plataforma digital?

La Segunda Sala de la Suprema Corte de Justicia de la Nación resolvió un caso, en el cual, dos Tribunales Colegiados de Circuito.

Al respecto, la Segunda Sala determinó

> que la Constancia de la Relación Laboral de Trabajadores Derechohabientes del Sistema de Recaudación Fiscal (TRM), refleja la información recabada de la plataforma tecnológica del Instituto del Fondo Nacional de la Vivienda para los Trabajadores proporcionada por el patrón y, por tanto, constituye prueba plena para acreditar la relación laboral con el trabajador en el juicio contencioso administrativo. Justificación: El Instituto del Fondo Nacional de la Vivienda para los Trabajadores es un organismo fiscal autónomo facultado para determinar, en caso de incumplimiento, el importe de las aportaciones patronales y de los descuentos omitidos, así como calcular su actualización y recargos que se generen; desarrollar e implantar los sistemas de informática que requiere para el desarrollo de sus actividades, operaciones y servicios; y celebrar convenios de colaboración con otras entidades fiscalizadoras como el Instituto Mexicano del Seguro Social. Con base en ello, en un juicio contencioso administrativo en el que se impugna la Cédula de Determinación de Omisiones de Pago en Materia de Aportaciones Patronales y/o Amortizaciones por Créditos para Vivienda en el que se determine un crédito fiscal a cargo de la actora, la Constancia de la Relación Laboral de Trabajadores

> Derechohabientes del Sistema de Recaudación Fiscal (TRM) constituye prueba plena, apta y suficiente para desvirtuar la negativa lisa y llana expuesta por el patrón y, consecuentemente, en esa controversia, acreditar la relación laboral y, por tanto, revertir la carga de la prueba. Máxime que la información que en ella se contiene fue proporcionada por el propio patrón en cumplimiento de las obligaciones constitucionales y legales derivadas de la existencia de la relación laboral.[18]

El caso es interesante porque toda la generación de la información, así como los documentos, se realizó mediante la plataforma del organismo, sin embargo, ni la sentencia ni los criterios señalan cómo se generan esos documentos, si son los servidores públicos los que dan las instrucciones a la plataforma para que se genere el documento o si el propio sistema con los datos cargados previamente, mediante la inteligencia artificial, genera el documento solicitado.

Según nos explica Iram Zuñiga Pérez,

> La inteligencia artificial se caracteriza por ser un sistema diseñado por humanos que actúan en el mundo físico o digital al percibir su entorno, interpretan los datos y los recopilan, los estructuran, razonan sobre el conocimiento derivado de estos datos y toma decisiones (partiendo de miles de algoritmos) para lograr

---

18 Tesis de jurisprudencia 2a./J. 65/2022 (11a.), CONSTANCIA DE LA RELACIÓN LABORAL DE TRABAJADORES DERECHOHABIENTES DEL SISTEMA DE RECAUDACIÓN FISCAL (TRM). TIENE PLENO VALOR PROBATORIO PARA ACREDITAR LA RELACIÓN LABORAL EN EL JUICIO CONTENCIOSO ADMINISTRATIVO EN LOS CASOS DONDE EL INSTITUTO DEL FONDO NACIONAL DE LA VIVIENDA PARA LOS TRABAJADORES INTERVIENE COMO ÓRGANO FISCAL AUTÓNOMO Y DETERMINA UN CRÉDITO FISCAL, *Gaceta del Semanario Judicial de la Federación*, Undécima Época, Libro 21, Enero de 2023, t. III, p. 2461.

> el objetivo, siendo su mayor atractivo su capacidad de aprender e ir creando su propia autonomía.[19]

En cuanto a los requisitos que señala el Código, que se deben de anexar a la demanda, el artículo 266, dispone que "Los documentos en que conste el acto o resolución impugnado, cuando los tenga a su disposición; o en su caso, copia de la solicitud no contestada por la autoridad".

Sobre el particular, Guillermo Morales Gutiérrez, nos explica:

> Un documento es toda representación por escrito, plano, gráfico, dibujo, fotografía, video, etc., elaborada o creada con el fin de reproducir una determinada manifestación del pensamiento. Una característica instrumental del documento es que representa un hecho mediante signos materiales y permanentes del lenguaje. Sin embargo, la irrupción de las tecnologías de la información y comunicación ha permitido prescindir del empleo del papel u otro objeto material para plasmar diversos tipos de información, sin que ello implique afectación alguna en la validez y eficacia de esas comunicaciones.[20]

Lo que conlleva a que los tribunales de justicia administrativa y los tribunales del Poder Judicial federal, deben implementar mecanismos o sistemas, no solo para la tramitación de los juicios, sino para el almacenamiento y validación de los documentos que se generen por medio de la tecnología.

Juan Manuel Jiménez Illescas, señala:

> Por medio del documento se reproduce materialmente una manifestación del pensamiento y más aún, en el ámbito jurídico es un instrumento para exteriorizar la manifestación de la voluntad. Sin embargo, derivado del uso de las nuevas tecnolo-

---

19 Zuñiga Pérez, Iram, "Inteligencia artificial y derecho. Primero discuitimos, después la regulamos", *Zagazine*, 5 de septiembre de 2023, disponible en: *https://zagazine.mx/inteligencia-artificial-y-derecho-por-iram-zuniga-perez/*.

20 Morales Gutiérrez, Guillermo, *El juicio en línea de lo contencioso administrativo*, *cit.*, p. 41.

> gías, la posibilidad de utilizar la gráfica o escritura de forma independiente del elemento corpóreo del documento (papel) reemplazando dicho elemento mediante medios electrónicos representa una nueva forma de utilizar el lenguaje mediante el envío y recepción exclusiva de datos e información generada a través de dichos medios electrónicos.[21]

En ese sentido, el Segundo Tribunal Colegiado en Materia Administrativa del Cuarto Circuito, al resolver sobre la petición de una medida cautelar respecto de un certificado de sellos digitales para la expedición de comprobantes fiscales que la autoridad dejó sin efectos, afirmó

> que el uso correcto y adecuado de cadenas digitales en los comprobantes fiscales garantiza su origen, autenticidad y unicidad, tanto para los contribuyentes que realizan operaciones entre sí, como para las autoridades fiscales, a las que se facilita la detección, rastreo y verificación de operaciones facturables y la eliminación de operaciones ficticias, para hacer más eficientes el control fiscal y la recaudación de ingresos para el gasto público.[22]

Sin duda, estamos frente a nuevos escenarios que impone a los órganos jurisdiccionales la obligación de incorporar nuevas herramientas tecnológicas para desarrollar sus labores jurisdiccionales y tutelar adecuadamente los derechos de las personas.

---

[21] Jiménez Illescas, Juan Manuel, *El juicio en línea. Procedimiento contencioso administrativo federal*, *cit.*, p. 20.

[22] Tesis aislada IV.2o.A.122 A (10a.), CERTIFICADO DE SELLOS DIGITALES PARA LA EXPEDICIÓN DE COMPROBANTES FISCALES. ES IMPROCEDENTE CONCEDER LA SUSPENSIÓN EN EL AMPARO INDIRECTO PARA QUE AQUÉL SE REACTIVE SI SE DEJÓ SIN EFECTOS POR ACTUALIZARSE ALGUNA DE LAS HIPÓTESIS PREVISTAS EN EL ARTÍCULO 17-H, FRACCIÓN X, DEL CÓDIGO FISCAL DE LA FEDERACIÓN, *Gaceta del Semanario Judicial de la Federación*, Décima Época, Libro 31, junio de 2016, t. IV, p. 2818.

VI. LA INTEROPERABILIDAD

Por último, quiero referirme al principio o figura jurídica que, desde mi punto de vista, es clave para articular las figuras antes analizadas, y realmente configurar una verdadera justicia administrativa digital; me refiero al principio de interoperabilidad, el cual se define

> como la capacidad de las plataformas digitales para intercambiar información, ya sean datos, documentos u otros objetos digitales, de manera uniforme y eficiente. Para lograr el intercambio, deben contar con características técnicas y de estructura específicas que faciliten la comunicación; así como condiciones físicas y de software que les proporcionen estabilidad y adaptabilidad.[23] Las tecnologías de la información y sus herramientas deben ser utilizadas, además de en la función de impartición de justicia, por los órganos de gobierno y administración judicial, poniéndolos al alcance y disposición de las funciones de conducción y gobierno que les corresponden. En particular, las tecnologías de información deben ser un insumo para las funciones de planeación cuyo requisito previo deberá ser la posibilidad de información confiable en forma oportuna.[24] El levantamiento, acopio, sistematización, utilización y transmisión de la información requerida para las labores de planeación exigen la utilización de herramientas y tecnologías de la información.[25]

Al respecto, el artículo 265 del Código, señala que "El escrito de demanda expresará", entre otros, "Las pruebas que se ofrezcan". El artículo 266, por su parte, dispone que "A la demanda se anexará", también, entre otros, "Los documentos en que conste el acto o resolución impugnado, cuando los tenga a su disposición; o en su caso, copia de la solicitud no contestada por la autoridad"; así como "Las pruebas documentales ofrecidas".

---

23 Disponible en: *https://dgru.unam.mx/index.php/interoperabilidad/.*

24 Jiménez Illescas, Juan Manuel, *El juicio en línea. Procedimiento contencioso administrativo federal*, *cit.*, p. 20.

25 *Idem.*

La interoperabilidad, en estos casos, podría operar al permitírsele al Tribunal ingresar a las páginas web, sistemas o plataformas digitales de los entes demandados, para revisar los expedientes administrativos digitales en los que consten los documentos que señalen los demandantes.

Lo mismo que a las comisiones de derechos humanos, se les debe permitir acceder a las páginas web, sistemas o plataformas digitales de los entes denunciados, y no solo eso, también deberían de crear visitadurías virtuales, dotadas de inteligencia artificial, capaces de analizar los procedimientos y actos que se desarrollan o generan en esas páginas web, sistemas o plataformas digitales.

VII. CONCLUSIONES

Sin lugar a dudas, los retos para justicia administrativa digital en nuestro país son importantes y urgentes de superar, ya que la tecnología nos ha alcanzado y ha rebasado el ordenamiento jurídico.

Después de realizar brevemente el análisis correspondiente de las figuras expuestas en este capítulo, podemos llegar a las siguientes conclusiones.

PRIMERA: la inteligencia artificial, con la programación de los algoritmos por parte de los servidores públicos encargados de las áreas de tecnologías de los entes públicos, sí toma decisiones autónomas que afectan derechos humanos de las personas.

SEGUNDA: se debe de encontrar el equilibrio con el uso de las tecnologías, ya que las máquinas no deberían de gobernar ni tomar decisiones, debemos de concebirlas como lo que son, máquinas, herramientas para facilitar la vida a las personas.

TERCERA: les leyes que regulan los procedimientos administrativos, la responsabilidad patrimonial del Estado, las de las comisiones de derechos humanos, las orgánicas de los tribunales de justicia administrativa y del Poder Judicial federal, así como las procesales, deben de incorporar las nuevas figuras jurídicas sobre temas y materias tecnológicas.

CUARTA: las comisiones de derechos humanos deben incorporar a su organización interna visitadurías digitales, encargadas de la investigación y vigilancia de los derechos que se gestionan en el ámbito digital en las administraciones públicas.

QUINTA: el Tribunal de Justicia Administrativa del Estado de Guanajuato, así como los correspondientes de los estados y el federal, en los próximos meses o años enfrentarán todas estas problemáticas y demandas derivadas de la implementación de las tecnologías en las administraciones públicas.

VIII. BIBLIOGRAFÍA

Ayala Sánchez, Alfonso, "Tecnología digital", Ayala Sánchez, Alfonso (coord.), *Democracia en la era digital*, México, Universidad Nacional Autónoma de México-Congreso del Estado de Veracruz, 2012.

Delgadillo López, Alfredo, "Los derechos constitucionales en México en tiempos de la Cuarta Revolución Industrial", en Delgadillo López, Alfredo (coord.), *Tecnologías de la información*, México, Comisión de Derechos Humanos del Estado de México, 2022.

Delpiazzo, Carlos E., "Transformaciones de la administración frente a las telecomunicaciones", en Fernández Ruiz, Jorge y Santiago Sánchez, Javier (coords.), *Régimen jurídico de la radio, televisión y telecomunicaciones en general. Culturas y sistemas jurídicos comparados*, México, Universidad Nacional Autónoma de México, 2007.

Fernández Ruiz, Jorge y López Olvera, Miguel Alejandro, *Derecho administrativo del estado de Hidalgo*, México, Porrúa, 2007.

Fix-Zamudio, Héctor, "Concepto y contenido de la justicia administrativa", Cienfuegos Salgado, David y López Olvera, Miguel Alejandro (coords.), *Estudios en homenaje a don Jorge Fernández Ruiz. Derecho procesal*, México, Universidad Nacional Autónoma de México, 2005.

https://www.gob.mx/tramites

https://kioscodigital.guanajuato.gob.mx/home

Introducción a los derechos digitales, Media Defence-Konrad Adenauer Stiftung, disponible en: *https://archivos.juridicas.unam.mx/www/bjv/libros/15/7214/1.pdf*

Jiménez Illescas, Juan Manuel, *El juicio en línea. Procedimiento contencioso administrativo federal*, México, Dofiscal, 2009.

Juárez Cacho, Ángel, *El juicio contencioso administrativo federal y la defensa fiscal en la jurisprudencia*, México, Raúl Juárez Carro Editorial, 2010.

Morales Gutiérrez, Guillermo, *El juicio en línea de lo contencioso administrativo*, México, Oxford, 2012.

Resolución A/RES/68/198, *Las tecnologías de la información y las comunicaciones para el desarrollo, aprobada por la Asamblea General de la ONU*, el 20 de diciembre de 2013.

Tesis de jurisprudencia 2a./J. 147/2016 (10a.), *Gaceta del Semanario Judicial de la Federación*, Décima Época, Libro 35, octubre de 2016, t. I, p. 707.

Tesis aislada IV.1o.A.52 A (10a.), *Gaceta del Semanario Judicial de la Federación*, Décima Época, Libro 38, Enero de 2017, t. IV, p. 2815.

Tesis de jurisprudencia 2a./J. 192/2007, *Semanario Judicial de la Federación y su Gaceta*, Novena Época, t. XXVI, octubre de 2007, p. 209.

Tesis aislada IV.2o.A.122 A (10a.), *Gaceta del Semanario Judicial de la Federación*, Décima Época, Libro 31, junio de 2016, t. IV, p. 2818.

Tesis de jurisprudencia 2a./J. 65/2022 (11a.), *Gaceta del Semanario Judicial de la Federación*, Undécima Época, Libro 21, enero de 2023, t. III, p. 2461.

Zuñiga Pérez, Iram, "Inteligencia artificial y derecho. Primero discutimos, después la regulamos", *Zagazine*, 5 de septiembre de 2023, disponible en: *https://zagazine.mx/inteligencia-artificial-y-derecho-por-iram-zuniga-perez/*

Oportunidades y desafíos de la inteligencia artificial en la justicia administrativa

ANTONELLA STRINGHINI[1]

SUMARIO: I. *INTRODUCCIÓN.* II. *¿QUÉ ES LA INTELIGENCIA ARTIFICIAL?* III. *OPORTUNIDADES DE LA INTELIGENCIA ARTIFICIAL.* IV. *DESAFÍOS DE LA INTELIGENCIA ARTIFICIAL.* V. *CONCLUSIONES.* VI. *BIBLIOGRAFÍA.*

I. INTRODUCCIÓN

A partir de la aparición de Chat GPT en noviembre de 2022, la palabra inteligencia artificial (IA) parece haberse puesto de moda y comenzó a escucharse en todos los ámbitos de nuestra vida diaria, como son el ámbito laboral, el educativo, de la comunicación, entre muchos otros.

---

1 Abogada por la UBA. Especialista en Derecho Administrativo y Administración Pública, UBA. Coordinadora académica del Laboratorio de Innovación e Inteligencia Artificial de la Facultad de Derecho de la UBA. Profesora de grado y posgrado sobre Transformación Digital e Inteligencia Artificial en la Administración Pública en la UBA. Autora de publicaciones nacionales e internacionales sobre Transformación Digital e Inteligencia Artificial en la Administración Pública. Contacto: *antonellastringhini@ialab.com.ar*

Sin embargo, la IA no es algo nuevo, sino que hace años que existe y convive con todas/os y cada una/o de nosotras/os, por ejemplo, a través de dispositivos que nos guían para llegar de un lugar a otro con menos tráfico, agentes conversacionales que nos brindan información para realizar un trámite administrativo y/o bancario, plataformas que nos recomiendan series y/o películas a partir de nuestras preferencias y, por supuesto, nuestro amigo el traductor de *Google*, que en segundos hace posible traducir cualquier frase y/o palabra de un idioma a otro. Así, en todos los casos estamos en presencia de IA y aplicada en distintas actividades y/o tareas que realizamos en nuestro día a día.

Ahora bien, ¿impactó en el Estado la IA? La respuesta es afirmativa. De acuerdo con Naciones Unidas, 177 países usan algún tipo de herramienta de red social en sus portales y la cantidad de países que utilizan agentes conversacionales se incrementó de 59 en 2020 a 69 en 2022.[2] Por ejemplo, en la República Argentina contamos con Tina, el agente conversacional del Estado nacional, y con Boti, el agente conversacional del gobierno de la ciudad de Buenos Aires.

En este contexto, el objetivo del artículo es analizar las oportunidades y desafíos de la IA en la justicia administrativa. Para ello, se realiza una aproximación conceptual al término inteligencia artificial e inteligencia artificial generativa y se describen las oportunidades y desafíos que trae aparejada su aplicación en la justicia administrativa.

---

[2] United Nations, Department of Economic and Social Affairs, E-Government Survey 2020, p. XIII; United Nations, Department of Economic and Social Affairs, E-Government Survey 2022.

II. ¿QUÉ ES LA INTELIGENCIA ARTIFICIAL?

Previo a intentar definir el concepto de IA, debemos destacar que no existe una única definición, ya que podemos encontrar tantas definiciones como personas intenten conceptualizarla.

A modo de ejemplo, Naciones Unidas se refiere a la IA "como una constelación de procesos y tecnologías que permiten que las computadoras complementen o reemplacen tareas específicas que de otro modo serían ejecutadas por seres humanos, como tomar decisiones y resolver problemas".[3] Mientras que es definida por la OCDE como una tecnología de propósito general con el potencial de mejorar el bienestar de las personas, contribuir a una actividad económica global positiva y sostenible, aumentar la innovación y la productividad y ayudar a responder a desafíos globales claves.[4]

Desde nuestra óptica, intentaremos esbozar un concepto preliminar a partir de dos elementos que consideramos que hacen a la esencia de esta tecnología, esto es: la tecnología, los datos y los seres humanos.

En este sentido, nos referiremos a la IA, como una combinación de tecnologías que agrupa datos, algoritmos y capacidad informática. Los avances en computación y la creciente disponibilidad de datos son, por tanto, un motor fundamental en el pronunciado crecimiento actual de la IA.[5]

---

3 Naciones Unidas, La Resolución núm. 73/348 de la Asamblea General "Promoción y protección del derecho a la libertad de opinión y expresión" A/73/348 (29 de agosto de 2018), considerando 3.

4 Recomendación del Consejo sobre Inteligencia Artificial, Instrumentos Legales de la OCDE, 21 de mayo de 2019, disponible en: *https://legalinstruments.oecd.org/en/instruments/OECD-LEGAL-0449*.

5 Comisión Europea, *Libro blanco sobre la inteligencia artificial - un enfoque europeo orientado a la excelencia y la confianza*, Bruselas, 2020, p. 3.

Los sistemas de IA procesan grandes cantidades de datos para arribar a una decisión. En una analogía, los datos son para la IA, lo que la *nafta* y el *gasoil* son para el auto, ya que sin datos no contamos con la materia prima para poder adoptar las decisiones.

Asimismo, en la incubación, diseño, desarrollo y despliegue de la IA, los seres humanos desempeñan un rol fundamental. Los seres humanos, son quienes definen los objetivos de una aplicación de IA y, según el tipo de aplicación, eligen y etiquetan conjuntos de datos y clasifican productos. Por lo cual, siempre determinan la aplicación y el uso de los productos de IA, incluido el grado en que complementan o reemplazan la adopción de decisiones humanas.[6] Podemos afirmar, entonces, que los seres humanos son parte fundamental de los sistemas de IA.

Por lo expuesto, consideramos que la IA es un conjunto de tecnologías, que procesa grandes cantidades de datos y son los seres humanos los que deciden y definen los objetivos y aplicación, por lo cual, establecen la medida en que esta tecnología complementa y/o remplaza las tareas humanas.

Dentro del mundo de la IA podemos encontrar: *i)* asistencia inteligente; *ii)* automatización; *iii)* predicción; *iv)* visión artificial; *v)* calendarios inteligentes, e *vi)* inteligencia artificial generativa.

1. *Asistencia inteligente*

La asistencia inteligente, también conocida como asistencia virtual o asistente digital, se refiere a la utilización de tecnología de inteligencia artificial para brindar ayuda, información o realizar tareas específicas de manera automatizada y personalizada a los

---

6 Naciones Unidas, La Resolución núm. 70/1 de la Asamblea General "Transformar nuestro mundo: la Agenda 2030 para el Desarrollo Sostenible" A/RES/70/1. 21 de octubre de 2015.

usuarios. Estos sistemas pueden tomar muchas formas, como chatbots, asistentes de voz, o aplicaciones de asistencia personalizada.

Los ejemplos más conocidos incluyen a Siri de Apple, Google Assistant y Amazon Alexa. Aplicaciones como Cortana de Microsoft y Samsung Bixby están diseñadas para ayudar a los usuarios con tareas diarias, como realizar búsquedas de información en línea.

2. *Automatización*

La automatización permite que los algoritmos conecten datos e información con documentos con o sin intervención humana. Se aplica para optimizar o simplificar tareas previsibles, mecánicas, repetitivas, estandarizadas o rutinarias, en donde el rol del ser humano no es tan relevante, pues en muchos casos se trata de copiar y pegar datos de un lugar a otro.

La automatización presenta diversos matices: *i)* automatización sin intervención humana: no se requiere la intervención humana, ya que los datos e información se conectan de forma automática; *ii)* automatización con intervención humana intermedia: se requiere la presencia humana porque no se cuentan con todos los datos e información para conectarse de forma automática, y *iii)* automatización con mucha intervención humana: se requiere que los seres humanos intervengan en la mayor parte de la tarea, ya que se cuenta con muy bajo nivel de interoperabilidad de los datos.

El grado de automatización que puede alcanzar una organización está estrechamente vinculado al grado de interoperabilidad de la información que existe, así, entre más interoperabilidad, menor será la intervención humana porque se pueden conectar los datos y la información, en cambio, a menor interoperabilidad, se requerirá mayor intervención humana pues no se encuentran los datos conectados de forma automática, por lo cual la persona humana deberá realizar la tarea.

3. Predicción

La predicción es la habilidad basada en algoritmos inteligentes que consiste en descubrir patrones de comportamiento a partir de los datos y, basándose en ciertas reglas, predecir un determinado comportamiento. El entrenamiento se basa en patrones identificados en casos anteriores. Cuando se introduce un dato, el sistema lo identificará y comparará con otros similares analizando las respuestas que se dieron en cada caso. Como resultado se obtiene una predicción basada en respuestas históricas.[7]

Esta tecnología utiliza el aprendizaje automático y el análisis de datos para generar pronósticos precisos y tomar decisiones informadas. Es utilizada en una gran variedad de rubros, en el campo meteorológico, industrial, economía de mercado, en salud y para predicciones financieras, entre otros.

4. Visión artificial

La visión artificial (visión por computadora) es una rama de la inteligencia artificial que se enfoca en enseñar a las computadoras a interpretar y comprender el mundo visual, como imágenes y videos.

Los sistemas de visión por computadora, por ejemplo, pueden identificar y autenticar a las personas a través de sus características faciales. Esta funcionalidad se utiliza en sistemas de seguridad, desbloqueo de dispositivos móviles y etiquetado de fotos en redes sociales.

Otra utilización aplicable es la tecnología OCR (Optical Character Recognition), que permite a las computadoras leer texto en imágenes y convertirlo en texto editable. Se utiliza para digitalizar documentos impresos y automatizar la entrada de datos.

---

7 UBA IALAB, Predicción, disponible en: *https://ialab.com.ar/prediccion/*.

Por ejemplo, Amazon Textract es un servicio de machine learning (ML) que utiliza el OCR para extraer de forma automática texto, escritura a mano y datos de documentos escaneados, como archivos PDF.

5. *Calendarios inteligentes*

Los calendarios inteligentes hacen referencia a la utilización de tecnologías como IA y el aprendizaje automático para mejorar la gestión del tiempo y la productividad de los usuarios de calendarios virtuales.

Los calendarios inteligentes pueden analizar los patrones de programación anteriores y sugerir automáticamente horarios convenientes para reuniones y eventos. También pueden tener en cuenta la disponibilidad de las personas invitadas para evitar conflictos. Muchos calendarios inteligentes se integran con aplicaciones de correo electrónico, lo que facilita la conversión de correos electrónicos en eventos o tareas programadas en el calendario. Esto ayuda a los usuarios a mantener un seguimiento de sus compromisos de manera más eficiente. Los ejemplos más conocidos de calendarios inteligentes son: Google Calendar, Microsoft Outlook y Apple Calendar.

Google Calendar[8] utiliza inteligencia artificial para sugerir horarios y lugares para eventos, integrarse con Gmail y ofrecer notificaciones personalizables. Microsoft Outlook[9] es conocido por su integración con el correo electrónico de Microsoft y su capacidad para gestionar reuniones, tareas y eventos. Ofrece sugerencias de horarios y recordatorios inteligentes. Mientras que, Apple Ca-

---

8 Disponible en: *https://support.google.com/calendar/answer/2465776?hl=es-419&co=GENIE.Platform%3DDesktop.*

9 Disponible en: *https://www.microsoft.com/es-ar/microsoft-365/outlook/email-and-calendar-software-microsoft-outlook.*

lendar[10] ofrece integración con Siri y con iCloud, lo que facilita la administración de eventos y tareas en los dispositivos Apple.

Pero hay calendarios que van un paso más allá, por ejemplo, Vimcal, que se autoproclama "el calendario más rápido del mundo".[11] Cuenta con un asistente de programación con IA, y cualquier tarea puede realizarse usando teclas de acceso rápido y lenguaje natural. La misma app asegura que, a través de su uso, se ahorra un promedio de tiempo de tres horas por semana.

6. *Inteligencia artificial generativa*

La ciencia y la tecnología siguen avanzando, y hoy en día, surgió la inteligencia artificial generativa, una rama de la IA que se enfoca en la creación de modelos y sistemas capaces de generar contenido nuevo y original, como imágenes, música, texto y más. Estos sistemas se basan en técnicas de aprendizaje automático, en particular en modelos generativos, para producir datos que pueden ser indistinguibles de aquellos creados por humanos. Uno de los tipos más conocidos de IA generativa es el modelo de lenguaje GPT (Generative Pre-trained Transformer).

Chat GPT es un modelo de lenguaje de IA, gratuito, que interactúa de forma conversacional. Las personas deben registrarse en OPEN AI y crear un usuario para poder empezar a utilizarlo.

A partir de allí, pueden dialogar a través de texto con Chat GPT y el agente conversacional responde las preguntas formuladas, y hasta admite errores si se lo señala el/la propio/a usuario/a porque su respuesta no ha sido considerada apropiada.

Chat GPT se presenta como un agente conversacional multipropósito que logra correlacionar patrones de información

---

10 Disponible en: *https://www.icloud.com/calendar.*

11 Disponible en: *https://www.vimcal.com/.*

para responder consultas sobre la mayoría de los temas. Chat GPT usa una base de datos estática. Es decir, no se retroalimenta de los usuarios de manera dinámica (quienes pueden etiquetar las respuestas incorrectas, parcialmente correctas u otras consideraciones) ni tampoco está conectado a Internet.

Como si esta innovación tecnológica no hubiese generado un tsunami en nuestras vidas, en 2023 se lanzó la versión plus de Chat GPT, ahora onerosa, ya que cuesta 20 USD por mes, pero que tiene algunas diferencias con la anterior versión.

Chat GPT plus permite el acceso general a Chat GPT, incluso durante las horas pico, tiene tiempo de respuestas más rápidos, acceso prioritario a nuevas funciones y mejoras, entre las que se destaca que tiene mayor exactitud que la anterior versión.

Ahora bien, ¿cómo impacta la IA y la IA generativa en la justicia administrativa? Su aplicación trae diversos beneficios y oportunidades para optimizar la justicia administrativa, pero a su vez, presenta riesgos y desafíos. Veamos.

III. OPORTUNIDADES DE LA INTELIGENCIA ARTIFICIAL

La aplicación de IA en la justicia administrativa trae consigo diversos beneficios y oportunidades. Entre ellos, encontramos los siguientes de acuerdo con qué técnica de la IA apliquemos. Veamos.

En primer lugar, sobre la automatización. La aplicación de IA para la automatización permite optimizar y centralizar tareas rutinarias, mecánicas y repetitivas, a la vez que contribuye con la optimización de procesos, al realizar el sistema las tareas más burocráticas como ser la de pegar datos de un documento a otro, que es una de las tareas que realizamos todas las personas que nos desempeñamos en una organización pública.

Con lo cual, se podría obtener mayor tiempo para realizar tareas más complejas y que requieren de mayor interacción y razonamiento de las personas humanas y que, en muchas ocasiones, no le podemos dedicar el tiempo que realmente se necesita por estar "colapsado" de tareas mecánicas, repetitivas y rutinarias.

Así, la automatización de este tipo de tareas contribuye a mejorar la eficiencia en la adopción de decisiones judiciales, la reducción de errores materiales y lograr una respuesta más rápida a las solicitudes de la ciudadanía.

En segundo lugar, sobre la predicción. La IA constituye un apoyo para la toma de decisiones de diferentes maneras. Una de ellas es reduciendo el tiempo dedicado al procesamiento y análisis de datos que, basado en técnicas de simulación y modelación, pueden informar sobre tendencias y posibles consecuencias de ciertas decisiones.

Asimismo, mediante el uso de la IA, es posible elaborar predicciones más exactas, a menor costo y en un mayor número de áreas. Las predicciones se convierten en insumo clave al ser una ayuda determinante para disminuir la incertidumbre que implica la toma de decisiones.[12]

Permite a las organizaciones tomar decisiones basadas en datos y tendencias históricas, lo que aumenta la eficiencia y la precisión en la toma de decisiones.

A su vez, ayuda a reducir costos y a aprovechar los recursos de manera más eficiente al prever necesidades y demandas futuras. También permite la identificación temprana de problemas y la toma de medidas preventivas antes de que ocurran incidentes o fallas.

---

12 *ExperiencIA: Datos e inteligencia artificial en el sector público*, Banco de Desarrollo de América Latina (CAF), p. 67, disponible en: *https://ialab.com.ar/investigacion-aplicada/*.

Un ejemplo de la aplicación de predicción a la justicia lo constituye el caso PretorIA. Se trata de un sistema predictivo desarrollado en conjunto entre la Universidad de Buenos Aires y la Corte Constitucional de Colombia. El sistema combina funcionalidades basadas en sistemas expertos y técnicas de *machine learning* (aprendizaje automático) de caja blanca.

El sistema presenta una funcionalidad predictiva, que se lleva a cabo a partir de la "lectura" automatizada, la detección y clasificación inteligente, para luego automatizar la elaboración de resúmenes acerca de la presencia o ausencia de 33 criterios en acciones de tutela vinculadas a la salud que ingresan a la Corte, provenientes de más de 4000 jueces de toda la República de Colombia.

Esta es la funcionalidad que mayor innovación significa y permite, a su vez, generar estadísticas dinámicas en tiempo real para que se ayude a las personas humanas en el proceso de selección de ese tipo de acciones.

En números, leer una sentencia, detectar los criterios y sistematizar la información lleva a una persona, en promedio, 36 minutos, mientras que con PretorIA la misma tarea le toma a PretorIA tan solo 5 segundos con una tasa de acierto superior al 90% para identificar criterios definidos por la Corte.

En tercer lugar, la asistencia inteligente permite brindar ayuda, información o realizar tareas específicas de manera automatizada y personalizada a la ciudadanía. Por ejemplo, las personas podrían interactuar con un chatbot para que les brinde información sobre el estado de su causa judicial y/o para solicitarle información sobre las causas que se encuentran en trámite ante el tribunal.

Asimismo, puede aplicarse a múltiples áreas y desarrollarse en diferentes formatos, lo que permite cierta versatilidad y personalización de acuerdo con el proyecto y objetivos específicos. Por ejemplo, el agente conversacional podría estar disponible por Whatsapp, página web o aplicación móvil, lo que permitiría llegar por diversos medios a la ciudadanía para garantizar que todos/as puedan acceder.

A su vez, los sistemas de asistencia inteligente están disponibles en cualquier momento del día, podríamos decir 24/7, lo que brinda a la ciudadanía un acceso constante a información y ayuda. A su vez, pueden manejar un gran volumen de interacciones simultáneas.

En cuarto lugar, sobre la visión artificial. La visión por computadora permite automatizar tareas que normalmente requerirían la intervención humana, como el reconocimiento de objetos en imágenes, el seguimiento de movimientos, la detección de anomalías, entre otras.

La visión por computadora ha habilitado una amplia gama de aplicaciones innovadoras, como la realidad aumentada, la conducción autónoma, la traducción automática de lenguaje de señas y la detección de emociones en el reconocimiento facial. También puede mejorar la accesibilidad para personas con discapacidades visuales, proporcionando herramientas de reconocimiento y descripción de objetos y escenas.

En la justicia, así como en otros ámbitos en donde existen múltiples documentos, se puede aprovechar esta habilidad para reconocer e identificar ciertos documentos que cuentan con determinadas características. Por ejemplo, un sistema de inteligencia artificial con habilidades de visión artificial podría determinar la presencia de un escrito de contestación de demanda, o de una sentencia de una instancia anterior en segundos y sin la necesidad de analizar y leer todos los documentos que se encuentren en el expediente.

En quinto lugar, sobre los calendarios inteligentes. Estos pueden automatizar muchas de las tareas relacionadas con la gestión del tiempo, como la programación de eventos y la asignación de fechas y horas, lo que ahorra tiempo y reduce la carga mental.

Asimismo, utilizan algoritmos de inteligencia artificial para sugerir horarios convenientes para reuniones y eventos, lo que facilita la planificación y la programación de actividades. Las personas pueden configurar notificaciones y recordatorios personalizados para eventos y tareas, lo que garantiza que no se pasen por alto los compromisos importantes.

Los calendarios inteligentes suelen ser accesibles desde múltiples dispositivos, como teléfonos inteligentes, tabletas y computadoras de escritorio, lo que permite una gestión del tiempo eficiente desde cualquier lugar.

Las notas se pueden anotar en el calendario para ayudar a realizar un seguimiento de la información importante y los plazos. Sincronizar los calendarios personal y laboral.

Es posible obtener información de las notas inteligentes que te ayudará a determinar qué acciones debes emprender. Organizar todas las invitaciones a reuniones desde la app, y obtener información relevante sobre el tiempo, el tráfico y los tiempos de conducción.

Una de las posibilidades más importantes que brindan los calendarios inteligentes en profesiones vinculadas con el derecho y otros trabajos que conllevan la realización de tareas administrativas consiste en el envío de alertas automatizadas a partir del contar automáticamente los plazos. Por ejemplo, se puede entrenar a un sistema de IA para que nos avise cuando se encuentra por vencer el tiempo para que un/a ciudadano/a presente un recurso a una resolución judicial o el plazo para emitir una determinada decisión judicial.

En sexto lugar, sobre la IA generativa. La IA generativa tiene un enorme potencial en la justicia administrativa, ya que permite que se puedan realizar diversas tareas en menor tiempo.

Entre los posibles usos transversales identificados hasta el momento encontramos los siguientes: 1) búsqueda de información existente (Constitución nacional, tratados, doctrina, jurisprudencia, etcétera); 2) búsqueda dentro de textos (Constitución nacional, tratados, doctrina, leyes, jurisprudencia, etcétera); 3) solicitud de ideas o alternativas a problemas o conflictos judiciales planteados; 4) síntesis de distintos tipos de documentos judiciales (por ejemplo, demandas, alegatos, sentencias, doctrina, etcétera); 5) interpretación, valoración o ponderación de reglas o principios jurídicos aplicables a un caso concreto, generación de modelos o plantillas de despachos y resoluciones (por ejemplo, providencias simples, dictámenes, etcétera); 6) realizar analogías o metáforas sobre argumentos, pretensiones o posibles explicaciones vinculadas al contenido de una decisión judicial, combinación de información jurídica con información de otras disciplinas (por ejemplo, literatura, cine, etcétera); 7) distinciones conceptuales y combinación de argumentos jurídicos; 8) potenciación y profundización de argumentos jurídicos que se presentan como punto de partida al sistema; 9) análisis de documentos judiciales o legales (por ejemplo, contratos, escritos, demandas, resoluciones, etcétera); 10) comparar datos o información entre resoluciones, regímenes jurídicos u otros documentos; 11) valoración, interpretación y/o ponderación sobre la procedencia de ciertas pretensiones; 12) responder correos electrónicos, notas y oficios; 13) traducción de documentos; 14) mejorar redacción, aplicar lenguaje claro/lenguaje inclusivo/sintetizar/quitar gerundios.[13]

Asimismo, entre los posibles usos específicos identificados hasta el momento encontramos los siguientes: 1) redacción de borradores de providencias simples y sentencias; 2) relación entre textos jurídicos provistos por el usuario/a (por ejemplo, demanda y contestación de demanda); 3) relación entre textos judiciales y textos provistos por el usuario/a (por ejemplo, sentencia y recurso); 4) identificación de las pretensiones y petitorios realizados en escritos (por ejemplo, en una demanda o en una contestación); 5) enumeración de los medios de prueba

---

[13] Corvalán, Juan Gustavo, Le Fevre, Enzo, Sánchez Caparrós, Mariana y Chumbita, Sebastián (dir.), *Directrices de uso de la IA generativa de texto y ChatGPT en la Justicia*, Laboratorio de Innovación e Inteligencia Artificial de la Facultad de Derecho de la Universidad de Buenos Aires, La Ley, 2023.

propuestos en escritos; 6) sugerencia de nuevos medios probatorios o de ampliación de medios de prueba; 7) resumen del objeto de la demanda; 8) sugerencia de mejoras en la redacción y el contenido de textos judiciales; 9) análisis y valoración de medios probatorios producidos con relación a los hechos en debate y pretensiones de las partes.[14]

IV. DESAFÍOS DE LA INTELIGENCIA ARTIFICIAL

La aplicación de IA en la justicia administrativa trae consigo diversos desafíos. Entre ellos, encontramos los siguientes de acuerdo con qué técnica de la IA apliquemos. Veamos.

En primer lugar, sobre la automatización. Los recursos humanos suelen estar dedicados a resolver tareas operativas del día a día y carecen de tiempo y motivación para cuestionar las formas de trabajo que se aplican y pensar estratégicamente en cómo mejorarlas, lo cual puede ralentizar o dificultar las propuestas de innovación y automatización.[15]

Asimismo, la identificación de tareas y el análisis de árboles de decisión para los procesos constituye una de las tareas más importantes de la automatización, y suele representar un desafío para la implementación.

Otro de los desafíos que implica la automatización consiste en que los líderes de la organización deberán destinar tiempo y esfuerzos para la formación de los trabajadores a fin de que puedan aprovechar los beneficios de estos sistemas y, en ciertos casos, realizar tareas de reconversión para que las personas cuyas tareas son

---

14 *Idem.*

15 *ExperiencIA: Datos e inteligencia artificial en el sector público,* Banco de Desarrollo de América Latina (CAF), p. 253, disponible en: *https://ialab.com.ar/investigacion-aplicada/*

absorbidas por los sistemas inteligentes, puedan dedicarse a tareas de mayor complejidad o que requieren mayor intervención humana. En todos los casos, los procesos de automatización deben ser acompañados por capacitación y sensibilización digital.[16]

Así, la IA conlleva un desafío enorme para las personas que integran las organizaciones. Si bien requieren del aprendizaje de conceptos y lógicas vinculados a tecnologías emergentes que reemplazan actividades humanas que son producto de nuestro cerebro, paradójicamente, el gran desafío consiste en desaprender muchas técnicas, formatos y enfoques que hemos aprendido para llevar adelante organizaciones en un paradigma "industrial", basado en una serie sucesiva de pasos lineales para llegar a un determinado resultado o decisión (flujogramas, etcétera).

En este sentido, para poder llevar a cabo la implementación de un sistema de IA en una organización, la sensibilización y alfabetización en IA, sumada a la formación de personas humanas para que desarrollen otras competencias y capacidades es, sin duda, uno de los retos más grandes a afrontar en el corto plazo.

En segundo lugar, sobre la predicción. Uno de los principales desafíos es la falta de datos de entrenamiento de alta calidad. Para que los algoritmos de aprendizaje automático puedan predecir con precisión, es necesario entrenarlos con conjuntos de datos grandes que contengan información precisa y confiable.

A su vez, es necesario procurar la "trazabilidad algorítmica" para detectar el paso a paso de cómo la IA llega a determinado resultado, decisión o predicción, a fin de evitar la configuración de cajas negras. Se debe poder garantizar la explicabilidad de las conclusiones a las que se aborde.

---

16 Cevasco, Corvalán y Le Fevre, *Inteligencia Artificial y trabajo. Construyendo un nuevo paradigma de empleo*, DPI Cuántico, IMODEV, Astrea, 2019.

Además, los modelos de predicción deben actualizarse y ajustarse continuamente a medida que cambian los datos y las circunstancias, lo que requiere un mantenimiento constante.

Hoy en día, los grandes modelos de lenguaje parecen ofrecer una gran oportunidad frente a los desafíos vinculados a la escasez de datos ya que pueden permitir la generación de datos sintéticos que sirven para el entrenamiento

En tercer lugar, sobre la asistencia inteligente. Los sistemas de asistencia inteligente deben mejorar su capacidad para comprender el lenguaje natural y brindar respuestas precisas, lo que puede ser un desafío.

La recopilación de datos personales por parte de sistemas de asistencia plantea preocupaciones sobre la privacidad y la seguridad de los datos. Además, habrá situaciones que necesitan de intervención humana, y que deberán ser derivadas a una persona humana.

Muchas veces se requieren actualizaciones constantes que requieren la presencia de los programadores. Sin embargo, este último desafío podría superarse a partir del desarrollo de sistemas con interfaces simples a través de las cuales los mismos trabajadores puedan introducir las modificaciones necesarias. Por ejemplo, cambios en los plazos, sustitución de templetes o plantillas, entre otros.

En cuarto lugar, sobre la visión artificial. Lograr una precisión consistente en todas las condiciones y escenarios es un desafío. Las condiciones de iluminación, el ruido en las imágenes y la variabilidad en los objetos pueden dificultar el rendimiento de los sistemas de visión por computadora. A su vez, su uso plantea preocupaciones sobre la privacidad y la ética, especialmente en áreas como el reconocimiento facial y la vigilancia. Finalmente, debe tenerse presente que los algoritmos de visión por computadora pueden heredar sesgos de los datos de entrenamiento, lo que puede resultar en discriminación o tendencias en las decisiones automatizadas.

En quinto lugar, sobre los calendarios inteligentes. La mayoría de los calendarios inteligentes ofrecen características de seguridad avanzadas, como autenticación de dos factores y cifrado de datos, para proteger la información sensible. Pero siempre es un punto válido de revisión y de criterio estricto para su análisis y aplicación.

La gestión de datos personales y profesionales en un calendario inteligente plantea preocupaciones de privacidad y seguridad. Es esencial garantizar que la información del calendario está protegida contra el acceso no autorizado y el robo de datos.

La integración de datos y servicios de múltiples fuentes puede ser un desafío técnico. Los calendarios inteligentes deben conectarse con aplicaciones de correo electrónico, aplicaciones de productividad, sistemas de gestión de proyectos y más, lo que puede requerir una configuración y mantenimiento complicados.

Los calendarios inteligentes deben ser intuitivos y fáciles de usar para los usuarios. Diseñar una interfaz que sea eficiente y que permita a los usuarios aprovechar al máximo las características inteligentes es esencial.

Para las funciones de contar plazos automáticamente, suele ser necesario que el sistema interopere con otras páginas web que le suministren actualizaciones en tiempo real. Por ejemplo, si un día se declara inhábil, es necesario que el sistema cuente con esa información.

En sexto lugar, sobre IA generativa. Entre los desafíos de estos sistemas, se advierte que en ocasiones arrojan respuestas coherentes y convincentes, que imitan el estilo seguro y la jerga experta, pero son incorrectas o falsas (alucinan).

A veces, también, reflejan prejuicios, estereotipos, creencias y valores sociales negativos presentes en sus datos de entrenamiento (sesgo). De las pruebas efectuadas por el Laboratorio de Innovación e Inteligencia Artificial de la Facultad de Derecho de la Universidad de Buenos Aires a Chat GPT, se evidenció que los resultados globales de sesgos en 278 pruebas en ChatGPT otorgó como resultado que: no sesgadas 59.3%, parcialmente sesgadas 4.30% y sesgadas 36.30%.[17]

En ocasiones sus fundamentos no son sólidos y fallan con relativa frecuencia cuando se les proponen tareas que implican razonamiento lógico. Son sistemas muy sensibles a los ajustes en la formulación de las frases u oraciones de entrada. Algunos de estos sistemas poseen conocimiento limitado a cierta fecha (por ejemplo, ChatGPT). Son excesivamente detallados y sobre todo explican y hacen suposiciones sobre hechos.

Por lo cual, para usar Chat GPT en la justicia administrativa hay que tener en consideración los siguientes aspectos:

Primero. Se deben tener en consideración sus limitaciones y considerar un asistente virtual, justamente lo que es por definición. Chat GPT no podría adoptar una decisión judicial sin supervisión y control humano *ex ante* y *ex post* a su respuesta.

Segundo. No se debe generar dependencia tecnológica de la justicia a Chat GPT. La justicia no puede depender de Chat GPT exclusivamente para emitir sus sentencias. Si bien hoy en día existe una versión que es gratuita, lo cierto es que en un futuro puede dejar de serlo, por lo cual, el Poder Judicial no puede estar "atado" a que una empresa y/o organización ofrezca una IA generativa gratuita. Desde la justicia se tiene que fomentar el desarrollo de IA propia.

Tercero. La aplicación de la IA generativa no implica el desempleo de las personas que se desempeñan en la justicia, sino que implica que la IA reemplace, simplifique, optimice, mejore, potencie, complemente u obstaculice una tarea humana. A su vez, requiere una reconfiguración de los roles y habilidades

---

17 Universidad de Buenos Aires, *Chat GPT vs Chat GPT 4 ¿Imperfecto por diseño? Explorando los límites de la inteligencia artificial conversacional*, 2023, p. 69.

de las personas que se desempeñan en la justicia, ya que existe un *coworking* entre las personas humanas y la IA.

Cuarto. Si se utiliza Chat GPT en la justicia administrativa es necesario capacitar a las personas sobre cómo funciona y las ventajas y limitaciones que presenta. Asimismo, sería recomendable elaborar una Guía de recomendaciones de uso para toda la justicia administrativa.

V. CONCLUSIONES

La inteligencia artificial es la tecnología más disruptiva e innovadora con la que convive la sociedad en la actualidad. A partir de sus diversas funcionalidades, es posible aplicarla a todos los ámbitos de nuestra vida diaria, incluida la justicia administrativa. Sin embargo, esta tecnología no vino sola, sino con ella innumerables oportunidades, beneficios, riesgos, retos y desafíos para la ciudadanía y la justicia.

Para hacer frente a ellos, es fundamental crear un ecosistema de innovación tecnológica que permita sentar las bases para su afianzamiento en la sociedad y en la justicia.

En primer lugar, desde la óptica de las personas. Es esencial crear una cultura tecnológica en las personas ya que son quienes van a utilizar los sistemas de IA tanto dentro como fuera de la justicia administrativa y es fundamental alfabetizar y capacitar a las personas en conocimientos básicos sobre IA.

En segundo lugar, desde la óptica de los procedimientos. Es esencial realizar una adecuada gobernanza de datos, repensar las organizaciones públicas bajo el principio de adaptación tecnológica, garantizar la compatibilidad de la IA con los derechos humanos, desarrollar un marco normativo propicio para la implementación y garantizar el control humano previo y posterior a la implementación del sistema de IA.

Todos los desarrollos por incubar, desarrollar e implementar en la justicia deben mantener este esquema, utilizándose técnicas con desarrollo algorítmico trazable, explicable y transparente.

Asimismo, el diseño, desarrollo e implementación se debe realizar a la luz del principio de adaptación tecnológica, que implica adaptarse al contexto y cultura de la organización judicial, a partir de usar metodologías ágiles, inclusivas y accesibles.

En conclusión, la justicia administrativa no puede quedar aislada a la implementación de IA y de IA generativa, puede y debe aprovechar los beneficios que su implementación trae aparejada, ya que esta tecnología tiene el potencial de mejorar los procesos judiciales debido a su versatilidad, capacidad de análisis de datos, contribución a la transparencia, mejora de la prestación del servicio de justicia y eficiencia en el trabajo de las personas. El futuro es hoy y depende de cada uno/a de nosotros/as si somos protagonistas o espectadores de esta transformación de inteligencia artificial.

VI. BIBLIOGRAFÍA

CAF, *Conceptos fundamentales y uso responsable de la inteligencia artificial en el sector público. Informe 2*, 2022.

Cevasco, Corvalán y Le Fevre, *Inteligencia Artificial y trabajo. Construyendo un nuevo paradigma de empleo, DPI Cuántico*, IMODEV, Astrea, 2019.

Comisión Europea, *Libro blanco sobre la inteligencia artificial - un enfoque europeo orientado a la excelencia y la confianza*, Bruselas, 2020.

Corvalán, Juan G., "Inteligencia artificial generativa como ChatGPT: ¿Un nuevo Renacimiento?", *La Ley*, 5 de junio de 2023.

Corvalán, Juan G., Sánchez Caparros, Mariana, Stringhini, Antonella, "Inteligencia Artificial generativa y Administración Pública. una aproximación inicial basada en el uso de chatgpt", *Tratado de Inteligencia Artificial y Derecho*, t. IV, La Ley, 2023.

Corvalán, Juan Gustavo, Le Fevre, Enzo, Sánchez Caparrós, Mariana y Chumbita, Sebastián (dir.), *Directrices de uso de la IA generativa de texto y ChatGPT en la Justicia*, Laboratorio de Innovación e Inteligencia Artificial de la Facultad de Derecho de la Universidad de Buenos Aires, La Ley, 2023

Naciones Unidas, La Resolución núm. 70/1 de la Asamblea General "Transformar nuestro mundo: la Agenda 2030 para el Desarrollo Sostenible" A/RES/70/1, 2015.

Naciones Unidas, La Resolución núm. 73/348 de la Asamblea General "Promoción y protección del derecho a la libertad de opinión y expresión" A/73/348, 2018.

Recomendación del Consejo sobre Inteligencia Artificial, Instrumentos Legales de la OCDE, 21 de mayo de 2019, disponible en: *https://legal-instruments.oecd.org/en/instruments/OECD-LEGAL-0449.*

Stringhini, Antonella, "Chat GPT en el Sector Público ¿dónde estamos?", *El Dial,* junio de 2023.

United Nations, Department of Economic and Social Affairs, E-Government Survey 2020, p. XIII.

United Nations, Department of Economic and Social Affairs, E-Government Survey 2022.

Universidad de Buenos Aires, *Chat GPT vs Chat GPT 4 ¿Imperfecto por diseño? Explorando los límites de la inteligencia artificial conversacional,* 2023.